가슴 뛰는 삶
시민 덕분입니다

가슴 뛰는 삶
시민 덕분입니다

제10대 최연소 경기도의원
황대호 에세이

구름바다

차례 /

추천사　국회의원 백혜련　　　　　　　　　　8
추천사　수원시장 염태영　　　　　　　　　　10
추천사　경기도교육감 이재정　　　　　　　　12
들어가는 말　　　　　　　　　　　　　　　　14

1부 / 황대호를 만든 사람들 - 빅 타이거즈

송채연_고등학교 2학년　　　　　　　　　23
역사를 잊은 민족에게 미래는 없다

이미숙_구운중학교 운영위원회　　　　　　46
전투기 소음으로부터 학교를 지키다

김병지_국가대표 축구선수　　　　　　　　59
스포츠 복지국가의 꿈

김경란_한빛 초등학교 초등보육 전담사　　72
내 삶의 철학 "같이 삽시다"

전영신 _ 수원시노사민정협의회 90
　당당한 청년정치의 꿈

노민호 _ 한국지방분권협의회 공동실행위원장 108
　경기도는 나의 소명

2부 / 황대호, 축구화 끈을 묶다

맨땅에 삼백 번 넘어진 숙명	123
국제시장 황영선	128
내가 태어나던 날	132
동네가 키운 아이	134
축구는 나의 운명	140
학업과 운동은 병행이 불가능한가?	144
점심으로 김밥 도시락	147
노인복지관에서 삶의 의미를 묻다	150
동네가 키운 호랑이	154

3부 / 황대호, 숏골인

황대호 아버지	161
흙수저 빙고게임	165
희망을 없앤 것도 사람, 희망을 만든 것도 사람	170
선한 조직이 선한 권력을 잡으면 시민의 삶이 바뀐다	174
아무도 경선 통과를 예상하지 못했다	178
진짜가 나타났다. 서수원 호랑이	186
조례 제정 MVP	194
교육개혁이 살 길이다	200
스포츠 복지국가의 길	207

4부 / 황대호, 월드컵 우승을 목표로

담대한 희망	223
청년이 희망이다	230
이준석이 청년정치라고?	233
격론激論	237
사람이 희망이다	242
권력이야말로 정치의 핵심	247
정치에서 희망을 꿈꾸다	251
노회찬 6411	255
문제는 기본소득이다	258
저녁이 있는 삶을 위하여	263
황대호를 응원해요	266

추천사

이상과 현실의 간극을 어떻게 좁힐 수 있을지 끊임없이 고민하는 정치인

안녕하세요. 더불어민주당 국회의원 백혜련입니다.

먼저, 경기도의회 황대호 의원님의 『가슴 뛰는 삶 시민 덕분입니다』 에세이 발간을 진심으로 축하드립니다. 제가 아는 황대호 의원은 이상과 현실의 간극을 어떻게 좁힐 수 있을지 끊임없이 고민하는 정치인입니다. 2018년 황대호 의원님이 경기도의원으로 당선된 후 지금까지 함께하며 그가 정치인으로서 했던 고민의 무게에 대해 저는 잘 알고 있습니다. 이번 황대호 의원님의 정치 에세이에는 그의 깊은 고민에 대한 이야기가 고스란히 담겨 있습니다.

일반적으로 청년정치는 청년들이 주체가 되어 정치적인 활동을 펼치는 것이라고 생각합니다. 그러나 황대호 의원님은 청년정치의 기준은 나이가 아니라고 생각합니다. 청년이 한다고 해서 청년정치가 아니라고까지 표현합니다. 오히려 그는 갈등을 조정하고 타협해 한 걸음 전진을 이루고 말겠다는 책임, 본인의 소신과 사명만이 중요한 것이 아닌 결과로 책임지는 것이 청년정치의 요체라고 말합니다. 저도 이러한 황대호 의원님의 견해를 공감하고 지지합니다.

취업도 결혼도 출산도 포기하는 청년들의 문제는 어제 오늘의 일이 아닙니다. 청년 문제는 시대적 이슈입니다. 청년 세대들이 제일 원하는 것은 공정한 룰과 원칙 하에서 경쟁할 수 있게해달라는 것입니다. 그것이 대한민국의 가장 중요한 가치가 돼야 합니다. 황대호 의원님의 열정, 강한 책임감이라면 이를 이뤄낼 수 있을 것이라고 생각됩니다.

혹시라도 청년정치에 대해 관심이 있는 분께 이 책을 권하고 싶습니다. 이 책을 읽다 보면 어느새 막연했던 청년정치에 대한 생각이 선명하게 정리될 것이라고 생각됩니다.

청년 정치인인 황대호 의원님의 앞날을 응원합니다. 그리고 앞으로도 더 나은 정치, 결과로 책임지는 정치를 통해 많은 이들에게 꿈과 희망을 심어줄 것을 의심치 않습니다.

2021년 12월
국회의원 백혜련

추천사

지역이라는 학교에서 시민에게 배운 풀뿌리 정치인의 성장기

황대호 경기도의원님의 에세이 『가슴 뛰는 삶 시민 덕분입니다』 출간을 축하드립니다.

저는 평소 정치인들이 젊은 시절부터 정당과 지역 활동을 시작해 국가의 리더로 성장해야 한다는 지론을 가지고 있습니다.

얼마 전 퇴임한 독일의 '앙겔라 메르켈' 총리는 14세에 정당에 입문했고, 세계 최연소인 34세에 총리가 된 핀란드의 '산나 마린' 총리도 20세에 정당 활동을 시작했습니다.

이처럼 국제사회의 리더들이 젊은 시절부터 정당 활동을 하며 성장하여, 지역과 국가를 이끌어가고 있습니다.

아쉽게도 우리나라의 정치는 청년들에게 높은 담을 쌓고 있습니다. 하지만 황대호 의원님 같은 청년 정치인의 열정이 조금씩 그 담을 무너뜨리고 있습니다.

10여 년 전, 시민활동가 염태영과 청년 황대호의 만남을 기억합니다. "기성세대는 자신들의 기득권을 위해 청년의 미래를 담보로 잡고 있다"라고 외치던 청년 황대호의 목소리가 아직도 생생합니다.

양극화와 청년 문제는 시대적 화두입니다. 10년 전 황대호 의원님의 외침이 더 큰 울림을 갖게 되었습니다. 시대를 보는 눈, 민의의 흐름을 읽고 반응하는 공감 능력이 황대호 의원님의 빼어난 장점입니다.

정치인에게 가장 좋은 학교는 지역이고, 가장 훌륭한 스승은 바로 시민입니다.

황대호 의원님의 에세이는 지역이라는 학교에서 시민에게 배운 풀뿌리 정치인의 성장기가 고스란히 담겨 있습니다.

책 속에 소중히 담긴 황대호 의원님의 담대한 정치철학이 새롭게 도전하는 청년 정치인에게 귀감이 될 것입니다. 저 역시 응원하고 늘 함께하겠습니다.

2021년 12월
수원시장 염태영

추천사

미움과 증오와 혐오 대신
평화와 공존과 미래에 대한 소통의 메시지

    황대호 경기도 의원님의 정치에세이 출간을 축하드립니다. 보내주신 초고를 잘 읽었습니다. '미움과 증오와 혐오 대신 평화와 공존과 미래에 대한 소통의 메시지'라는 대목에 주목이 갑니다. 제가 알고 있는 황대호 의원님의 모습과 일치되는 표현이었습니다. 지난 4년간 황대호 의원님이 보여주신 의정활동과 순수한 열정, 강한 책임감에 진심으로 감사를 드립니다.

    무엇보다 황대호 의원님의 교육에 대한 확고한 철학과 교육개혁에 대한 열정에 깊이 감사드립니다. 때로는 도정질의를 통하여 때로는 행정사무감사를 통하여 교육에 관한 질책을 해주신 것은 올바르게 교육정책이 반영되도록 하셨다는 것임을 공감하며 냉철한 판단력을 존중합니다. 정의와 공정 그리고 겸손하고 진중하신 성격으로 2019년 전범기업 관련 조례를 처리할 때도 저에게 장문의 서신을 보내주셨습니다. '정치는 통합과 화해 그리고 갈등 조정'이 그 본연의 임무라는 말씀을 여러 번 하신 것을 기억합니다. 청년 정치인으로서 대한민국의 정치발전에 큰 역군이 되실 거라 믿습니다.

'청년정치는 나이와 상관없습니다. 청년정치는 개인의 이익이 아니라 공동체의 이익을 위해 헌신하겠다는 선한 의지입니다. 청년정치는 말에만 그치지 않고 말을 실천으로 옮겨내는 굳건한 책임감입니다.'라는 의원님의 생각에 동의합니다.

지난 4년간 경기도 의회에서 보여주신 황대호 의원님의 모습이 황 의원님의 전부는 아닐 것입니다. 젊은 정치인으로서 앞으로 펼쳐갈 황대호 의원님의 정치를 응원합니다. 그 선두를 항상 황대호 의원님이 수문장처럼 굳건히 지켜주시기를 기원합니다. 거듭 출간을 축하합니다.

2021년 12월

경기도교육감 이재정

들어가는 말

청년정치의 기준은 나이가 아닙니다

　나이를 기준으로 청년정치를 정의하는 것은 옳지 않습니다. 청년이 한다고 해서 청년정치가 아닙니다. 여성정치와 남성정치가 따로 있지 않듯이, 청년정치와 노년정치 또한 따로 있지 않습니다. 있다면, 청년을 대표하는 정치인이 있고 청년세대를 위한 맞춤형 정책이 있을 뿐입니다. 그런 점에서, 흔히 말하는 청년정치는 구태정치를 바꾸기 위한 상징어입니다. 낡은 정치를 혁신하기 위한 새로운 구호라고 해도 무방합니다. 낡고 무능한 정치를 바꾸기 위해서는 우리 사회를 올곧게 바라볼 수 있는 눈과 책임감이 필요합니다. 그런 자세로 정치에 임하는 사람이면 누구나 청년정치인이라 할 수 있습니다. 사람이 바뀐다고 정치가 바뀌는 것이 아니라, 생각이 바뀌어야 비로소 정치가 바뀌는 것과 일맥상통하는 이치입니다.

　다시 말하지만 청년정치와 나이는 전혀 별개입니다. 나이가 구태정치의 기준일 수도 없습니다. 청년정치는 나이와 상관없습니다. 청년정치는 개인의 이익이 아니라 공동체의 이익을 위해 헌신하겠다는 선한 의지입니다. 청년정치는 말에만 그치지 않고 말을 실천으로 옮겨내는 굳건한 책임감입니다. 정치에 임하는 제 좌우명을 "이익 앞에선 물러나고 책임 앞에선 다가서자"라고 정한 것도 그런 까닭입니다. 제가 존경하고 주목하는 사람들 역시 나이와는 별개입니다. 출신과 성분과 지위 역시 서로 다릅니다. 그렇지만 갈등을 조정하고 타협해서 한 걸음 전진을 이루고 말겠다는 책임, 내 소신과 사명에 더하여 결과로 책임지는 것이 청년정치의 요체입니다.

저는 버락 오바마 전 미국 대통령을 존경합니다. 그리고 스웨덴의 그레타 툰베리처럼 지구촌의 미래를 걱정하는 사람들의 의견 또한 존중합니다. 오바마 대통령은 흑인 아버지와 백인 어머니 사이에서 태어났습니다. 믿기지 않겠지만, 그 당시 미국에서 흑인 남성과 백인 여성의 결혼은 불법이었습니다. 두 살 때는 부모가 결별해서 인도네시아 출신의 양아버지 밑에서 자랐습니다. 흑인이라는 정체성 때문에 불우한 어린 시절을 보냈지만, 컬럼비아대학을 졸업하고 빈곤 운동에 뛰어들며 정치인으로서의 소양과 품성을 닦았습니다.

오바마 대통령의 리더십은 '소통과 화해, 평화와 공존'에서 나옵니다. 미국 최초의 흑인 대통령 오바마는 일체의 혐오와 차별을 단호히 반대했습니다. 전쟁과 핵무기 없는 세상을 꿈꿨고, 교착상태에 빠진 중동평화회담을 재개했으며, 이슬람 세계와의 화해를 위해 애썼습니다. 그는 연설문을 통해서 인종차별과 혐오범죄에 대해 이렇게 말했습니다. "검은 미국이 따로 있고, 하얀 미국이 따로 있고, 라틴계의 미국이 따로 있고, 아시안의 미국이 따로 있지 않습니다. 오직 미국이 있을 뿐입니다."

저는 그레타 툰베리와 같은 환경운동가의 주장에도 귀를 기울입니다. 그녀 또한 올곧은 생각과 책임감을 지닌 청년정치의 또 다른 모범 사례라고 믿기 때문입니다. 그녀는 어린 시절 아버지의 영향으로 기후변화에 관심을 가졌습니다. 하지만 기후변화에 관한 공부를 할수록 모순되고 철벽 같은 자본의 논리에 좌절했습니다. 11살 때는 우울증을 겪으며 '아스퍼거 증후군'과 '강박 장애' 진단을 받았습니다. 하지만 그녀는 모든 시련을 딛고 일어나 전 세계를 상대로 목소리를 높였습니다. 그 시작이 바로 2018년 8월, 스웨덴 의회 바깥에서 행했던 '청소년 기후행동'입니다. 그녀로부터 시작된 '동맹휴학 운동'은 이후 전 세계적인 기후 관련 운동으로 확장되었고, 환경운동의 거대한 이정표가 되었습니다.

저는 오바마와 툰베리의 생각과 책임감 속에도 청년정치의 본질이 살아 있다고 생각합니다. 미국의 대통령과 스웨덴의 환경운동가, 60세 흑인 남성과 18세 백인 소녀, 전혀 공통점이 없는 두 사람이지만 청년정치가 지향해야 할 방향과 생각만큼은 두 사람의 삶 속에 엄연히 존재한다고 생각합니다. 두 사람의 삶에는 개인의 이익보다는 이웃과 사회와 지구촌의 안녕을 바라는 간절한 염원이 담겨 있습니다. 미움과 증오와 혐오 대신 평화와 공존과 미래에 대한 소통의 메시지가 녹아 있습니다.

청년이 한다고 해서 청년정치가 아닙니다. 그렇다고 청년세대의 암울한 자화상과 청년정치인이 겪는 현실적 고충마저 외면하자는 것은 아닙니다. 'N포 세대'와 '이태백'은 우리 시대 청년들이 달고 살아가는 계급장이고 꼬리표입니다. 청년세대가 겪는 아픔과 상대적 박탈감을 치유할 수 있는 정책이 꼭 필요합니다. 다만, 그것이 청년정치인에게만 주어지는 숙제가 되어선 곤란하다는 것입니다. 바꿔 말하면, 노인정책이 노인정치인만의 숙제일 수 없고, 여성정책이 여성정치인만의 숙제일 수 없는 것과 마찬가지입니다.

정치인이라면, 나이와 성별, 이념, 지역과 상관없이 자신이 가장 잘할 수 있는 분야의 정책전문가가 되면 그만입니다. 저만 해도 그렇습니다. 저는 청년정치인이기에 앞서, 축구선수의 경험을 토대로 교육학과 경영학을 전공하고 스포츠 산업에 종사한 전문가입니다. 상임위 또한 경기도의회 교육행정위원회 소속인 것도 같은 맥락입니다. 저는 제가 배우고 전공한 것을 최대한 활용할 수 있는 정치인이기를 희망합니다. 더 나아가 특정 분야보다는 폭넓은 분야를 아울러 전체적인 조화를 실현하는 정치인이고 싶습니다. 그것이 청년정치인 황대호의 꿈입니다.

　제가 당내 경선을 통해 우리 당의 후보가 된 것도 같은 이유에서일지 모릅니다. 저는, 살아오는 동안 관료화된 기득권의 벽에 세 차례나 가로막혔습니다. 다시 생각해도 아찔하기만 한 거대한 벽이었습니다. 첫 번째 벽은 축구선수로 뛰던 고등학생 시절이었습니다. 저는 학업과 운동을 겸하고 싶어 대학 진학을 원했지만, 학교에서는 반대했습니다. "축구선수가 볼만 잘 차면 되지, 공부는 무슨 공부냐"라는 게 상식처럼 자리 잡은 시대였기 때문입니다. 결국, 혼자만의 힘으로 대학에 진학해야만 했습니다.
　두 번째 벽은 훈련 도중 발생한 부상으로 선수 생활을 접어야 할 때였습니다. 지속된 치료와 2번이 넘는 수술에도 장애판정까지 받을 정도로 부상 후유증은 깊었습니다. 축구선수 이외의 삶을 생각해본 적 없던 저로서는 이겨내기 힘든 시련이었습니다. 오랜 고민 끝에 교육자가 되겠다는 새로운 목표를 정했습니다. 힘들지만 석사와 박사과정까지 끝마치겠다는 결심도 그때 굳혔습니다.
　넉넉하지못한 가정형편으로 학비와 생활비를 스스로 벌어야 했습니다. 강사와 코치, 강의와 강연 등 할 수 있는 아르바이트라면 무엇이든 가리지 않고 했습니다. 4학년 때는 학비를 면제받고 숙소까지 해결하기 위해 운동부기숙사 사감 조교도 했습니다. 학비와 생활비를 버느라 학교 수업은 이틀에 몰아서 들었습니다. 그 바람에 밥 먹을 시간도 없었습니다. 대학의 낭만은 고사하고 MT나 OT조차 참여하지 못했습니다.

세 번째 벽은 정치인의 길을 가겠다고 결심했을 때 나타났습니다. 무엇보다 경선을 준비하는 과정이 힘들었습니다. 오랫동안 시간과 비용을 들여야 가능한 것이기에 더욱 힘들었습니다. 흔들리는 마음을 다잡을 수 있었던 건 이미 두 번씩이나 세상의 벽에 부딪혀보았고, 꺾이지 않고 극복해보았기 때문입니다. 이기든 지든, 내 힘과 능력으로 당당하게 경선에 임해서 선택받고 싶었습니다. 공정한 과정과 정의로운 결과를 통해 사회의 당당한 청년 구성원으로 인정받고 싶었습니다. 그래야지 후회가 없다는 걸 지난 두 차례 절망의 경험을 통해 터득했기 때문입니다.

좋은 선배 후보 두 분을 모시고, 세 사람이 출마한 당내 경선에서 승리하여 당 후보가 되었습니다. 선배님들은 아름다운 경선을 해주셨습니다. 저는 청년 가산점이 없어도 충분히 이길 만큼 당원동지들로부터 많은 표를 받았습니다. 본선에서도 지역구 유권자들로부터 70% 이상을 득표하여 압도적인 표로 당선

됐습니다.

  이 모든 결과는 문재인 정부와 더불어민주당의 승리를 위해 선거운동을 도와주신 당원동지들의 도움이 있었기에 가능했습니다. 이 글을 통해 고마움의 인사를 드립니다. 아울러 아픈 몸을 이끌고 선거운동을 돕다가 쓰러지는 순간에도 "나는 괜찮다"라고 말씀하시던 부모님의 모습 잊지 않겠습니다. 그 절절한 심정을 가슴에 새기고, 살아가는 내내 부끄럽지 않은 정치인이 되겠습니다.

2021년 12월
수원의 수문장
황대호

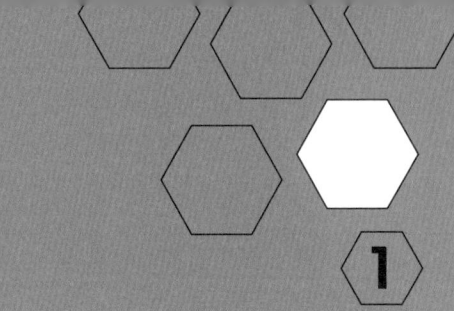

황대호를 만든 사람들

— 빅 타이거즈

이익 앞에 물러서고
책임 앞에 다가서자

그런데 어떻게 신뢰를 받을 수 있는가? 가장 중요한 덕목은 결국 책임이다. 자신의 약속에 책임을 지는 것이고 국민의 삶과 기본권을 책임지는 것이다. 국민이 내게 준 권한에 부응해야 한다. 내가 항상 강조하는 슬로건이 있다. '이익 앞에 물러서고, 책임 앞에 다가서자', '다음 대선이 아닌, 다음 세대를 위한 정치를 하자' 이렇게 진정성으로 다가가야 국민에게 신뢰를 되찾을 수 있다.

황대호를 만든 사람들 – 빅 타이거즈

송채연 — 고등학교 2학년

5분 발언을 한 뒤, 어른들은 교육에 문제가 없다고 생각하니 문제를 제기하는 저를 한심하다고 생각할 줄 알았습니다. 하지만 의회가 끝나자마자 황대호 의원님이 발언에 감명받았다며 다가와 먼저 악수를 청하셨습니다. 부모님과 선생님을 포함해 이전에 제 이야기를 들은 어른들은 한결같이 제 의견을 대수롭지 않게 여기셨기 때문에 황대호 의원님께 꽤 놀랐던 기억이 있습니다.

더구나 도의원님이 직접 연설을 동영상으로 찍으시고 널리 알리도록 노력하겠다는 그 말은 저를 벅차오르게 했습니다. 발언 전의 저에게는 생각지도 못한 전개였습니다. 이후 들은 이야기이지만, 황대호 의원님 덕분에 교육청의 몇몇 분이 제 발언 동영상을 봤다는 소식을 들었습니다. 이렇게 한다고 하루아침에 교육 문제가 해결되는 것은 아니지만, 제 의견이 존중받았다는 생각에 아직 사회에 변화의 희망은 분명히 있다는 생각이 들어 황대호 도의원님께 정말 감사했습니다.

모의경기도의회에 참석하게 된 이유는요?

안녕하세요. 저는 18살, 고등학교 2학년 송채연입니다. 평소 사회문제에 관심이 많고 특히 교육시스템에 대해 관심이 많습니다. 모의경기도의회에 참석한 가장 큰 이유는 실제 의회 현장을 접하고 싶어서였습니다. 5분 발언을 통해 교육시스템에 대한 제 생각을 친구들과 어른들 앞에서 발언도 해보았으니 제대로 체험한 듯합니다.

학생의 입장에서 미래 교육에 대한 생각은요?

저는 우리나라 교육의 미래라고 부르는 IB 국제과정과, 우리나라 교육의 현주소인 일반고를 1년 정도 다녀보며 참 많은 것들을 경험했고 느꼈습니다. 학생의 입장에서 보이는 교육제도의 현재와 미래에 대한 생각을 나눠보려고 합니다.

미래 교육은 대학 입시 경쟁은 완화되고 졸업을 엄격히 하는 것으로 바뀌어야 하고, 논술평가와 절대평가가 가능해져야 한다고 생각합니다. 상대평가를 하게 되면 등급을 가르려고 꼬아서 내는 문제가 없어 지식의 이해에만 집중할 수 있고 논술평가를 하게 되면 지식의 흡수에서 멈추지 않고 그것이 옳은지 스스로 생각할 수 있는 훈련을 할 수 있습니다. 새로움을 개척할 수 있는 사람이 되는 것입니다.

현재 교육은 대학 입시 경쟁이 심해 상대평가에 객관식 평가가 주를 이룹니다. 이는 학문 자체보다는 점수를 가르기 위한 학습 내용 이외 시험의 출제를 유발하여 학습 동기를 꺾을 뿐 아니라 지식의 이해와 비판에 집중하지 못하게 합니다.

미래 교육은 학업에만 투자하지 않고 스포츠 활동과 개인별 동아리 활동에도 학업만큼의 투자를 해야 한다고 생각합니다. 인간은 스트레스를 받으면 몸을 움직여 포식자에게서 도망치도록 설계돼 있습니다. 학업 스트레스로 인한 정서적 피폐를 게임이나 인터넷보다는 신체 활동으로 풀 수 있도록 이끌어야 합니다.

학생들에게는 자신이 꿈을 향해 달려가고 있다는 사실만큼 벅차게 하는 것도 없습니다. 모두가 똑같은 학업 생활을 하면 어쩔 수 없이 남과 비교하게 되고 미래에 대한 의심, 불안 등 불건전한 생각이 들기 마련입니다. 하지만 개인별 동아리 활동은 각자의 취미 혹은 각자의 학업적 목표에 집중하게 함으로써 학습의 확실한 동기가 됩니다.

황대호 의원에게 바라는 점은요?

사실 기득권층은 비기득권층 사람들의 이야기를 비하하고 무시하기 쉽습니다. 그건 부모님과 자녀 혹은 형 동생처럼 가까운 사이에서 일어날 수도 있고 직원과 사장, 혹은 국민과 정부처럼 먼 사이에서도 일어날 수도 있습니다. 화목한 가정은 자녀보다는 부모의 영향이 클 수밖에 없습니다. 그리고 건전한 사회는 청년, 시민과 같은 비기득권층보다는 정치인, 기업인 등 기득권층의 영향이 훨씬 크다고 생각합니다. 하지만 사회의 다수인 비기득권층의 의견을 소수 기득권층이 듣지 않는다면 건전한 사회가 될 수 없습니다.

황대호 의원님께 바라는 점이 하나 있다면, 지금처럼, 제게 그러셨던 것처럼 모두가 듣지 않을 때 귀를 기울여 도민들을 위로해주시면 좋겠습니다.

송채연 학생과 꿈의 학교 토론회에서

역사를 잊은 민족에게 미래는 없다

"가슴이 아려옵니다. 차마 보지 못하고 망설여 오던 영화 '귀향'을 봤습니다. 이렇게 아프지만, 반드시 알려야 할 우리의 이야기는 14년 동안 대한민국 국민의 힘으로, 127분 문화적 증거의 시간이 되어 세상으로 나왔습니다. 위안부에 끌려간 대한민국 소녀의 수 20만 명, 한국으로 돌아온 소녀의 수는 238명, 현재 생존 위안부 할머니 44명. 하지만 이분들을 더 외롭고 힘들게 했던 건 이 소녀들을 따뜻하게 품어주지 못하고 무관심했던 우리가 아니었을까요?

영화 '귀향'은 아직도 끝나지 않은 이 부끄러운 역사를 반복하지 말아야겠다는 우리의 고백이며 다짐이 되어야 한다고 생각합니다. 대한민국 소녀들의 한이 담긴 이 역사에 힘을 모아 동참해

주세요. 그리고 안아주세요. 부탁드립니다. 그래서 이 역사를 저버린 일본 정부와 위안부 문제를 합의한 당사자들이 '귀향'을 보고 다시 올바른 역사관을 인식할 수 있었으면 좋겠습니다."

- 2016년 3월, 영화 '귀향'을 보고

"카톡"
"카톡"

문자가 왔음을 알리는 소리에 얼핏 들었던 잠에서 또 깨고 말았다. 벌써 이게 며칠째인가? 휴대전화를 보니 새벽 1시였다. 나는 휴대전화가 하나밖에 없었다. 나는 카톡 알람을 꺼두지 않았다. 혹시라도 나에게 급하게 도움을 청하는 민원인이 있을 수도 있기 때문이다. 그러나 그때는 진심으로 카톡 알람을 끄고 싶었다. 두려운 마음으로 조심스럽게 카톡을 확인했다. 사진이 한 장 왔다. 큰아이 얼굴에 일본 전범기를 합성하여 만든 사진이었다. '후!' 저절로 한숨이 나왔다. 나와 가족들의 신상이 털린 것이었다.

조례안 제출 이후 4개월 동안 나는 셀 수 없는 문자와 협박 전화를 받았다. 일베를 포함한 극우 보수층에서 우리 가족의 신상을 털어 2살배기 아들과 아내의 얼굴 그리고 유아용품에 일장기와 전범 기업 인식표를 부착해 인신공격했고 소위 보수언론에서는 나에게 '모든 일본기업에 전범 딱지를 붙인다'라며 반일감정 부추기는 철없는 정치인으로 매도하면서 조례안을 왜곡 보도하였다. 친일세력의 격렬한 반대가 해일처럼 나를 덮쳤다.

내 페이스북, 블로그, 인스타 심지어 방송과 인터뷰했던 자료 화면까지 사용하여 나를 협박했다. "네 자식이나 잘 간수해라." "너는 왜 일본 볼펜 사용하냐?" "네 애는 왜 일본 젖병 사용하냐?" "이놈아, 네가 불매운동하는 통에 나는 굶어 죽게 생겼다" 등의 내용이 밤낮없이 나에게 쏟아졌다. 극우보수 단체에서는

전범기업 기억 조례 관련 기사

"전범기업 기억 조례, 올바른 역사 인식 확립 목적"

황대호 도의원, 기자회견서
"日 경제보복 대응책 아니다"

황대호 도의원

황대호 경기도의원(더불어민주당·수원4)이 '일본 전범기업 기억에 관한 조례안' 추진과 관련, 일본 경제보복의 대응책이 아닌 경기도 학생 주도의 올바른 역사인식 확립이 목적이라고 강조했다.

황 의원은 7일 도의회 브리핑룸에서 해당 조례 추진 기자회견을 열고 "전범기업 기억 조례는 일본경제보복의 대응책이 아니다. 전국 최초로 우리나라의 역사적 자주권을 지방정부에서부터 찾아오는 의미 있는 조례"라며 "전범 기업의 행태를 명확히 인식하도록 해 학생들이 올바른 역사 인식을 갖게 하려는 것이 목적"이라고 말했다.

이 조례는 지난 3월 추진했다가 사회적 합의가 더 필요하다는 여론에 따라 의회 상정을 보류했던 '경기도교육청 일본 전범 기업 제품 표시에 관한 조례안'을 보완했다.

지난 조례는 전범 기업 제품 인식표 부착에 초점을 맞춘 내용이었지만, 재추진하는 조례는 학생자치회 등 교육공동체가 인식표 부착 여부 등을 자율적으로 결정하도록 했다.

대상 전범 기업은 국무총리실 소속 '대일항쟁기 강제동원 피해조사 및 국외강제동원 희생자 등 지원위원회' 조사와 대법원판결로 알려진 전범 기업 299개 중 현존하는 284개 기업이다. 행정력 낭비를 초래할 수 있어 20만 원 이상의 학교비품으로 제한했다.

황 의원은 "조례안 4조 '교육감의 책무' 조항을 보면 '경기도교육감은 기관이 전범 기업 제품임을 알고 물품을 구매할 수 있도록 지도해야 한다'고 권고할 뿐 강제하지 않는다"며 "각 학교장이 판단해야 하고 학교자치회에서 이것을 어떻게 구현할지에 대해 책임과 권한을 부여한 것이므로 학생이 주도적으로 결정하도록 했다"고 설명했다.

특히 황 의원은 "이번 조례안에는 지난 4개월간 도민의 폭넓은 의견을 청취하고 보완한 내용을 담아 의회 심의에서 좋은 결과가 나올 것으로 기대한다"고 말했다.

한편, 이번 조례안은 오는 26일부터 9월 10일까지 열리는 제338회 임시회에서 심의될 예정이다.

최현호기자

 경기일보 App 다운 받으세요 　아침 8시, 뉴스 딜리버리 (Android 8.0 이상)

경기도의회에 몰려와서 "황대호는 사퇴하라" 외치며 항의집회를 했다.

일제강점기 강제징용 피해자 대법원 최종 확정 판결

2018년 10월 30일 일제강점기 강제동원피해자들에게 해당 일본기업이 배상해야 한다는 대법원 최종 확정판결이 나왔다. 대법원 전원합의체(재판장 김명수 대법원장)는 여운택 씨 등 강제징용 피해자들이 일본 기업인 ㈜신일철주금(옛 신일본제철)을 상대로 낸 손해배상 청구 소송의 재상고심에서 신일철주금의 재상고를 기각해 여 씨 등 원고들에게 1억 원씩을 배상하라고 판결한 원심을 확정했다. 이번 판결은 여 씨 등이 소송을 제기한 지 13년 8개월 만이다. 여운택과 이춘식 씨는 1941~1943년까지 신일본제철의 전신인 일본제철의 일본 공장에 강제동원돼 고된 노역을 했다. 그러나 일제 패망 이후 여 씨 등은 임금을 전혀 받지 못한 채 귀국했다.

1997년 12월 24일, 강제징용 피해자 여운택·신천수·이춘식·김규수는 일본 오사카 지방재판소에 신일본제철을 상대로 손해배상소송을 제기했으나 2001년 3월 원고 패소 판결이 났다. 2003년 일본 최고재판소 상고기각 판결이 났다. 일본의 판결에 불복하여 대한민국 서울중앙지법에 ㈜신일철주금을 상대로 손해배상소송을 제기했다. 그러나 한국의 법원도 2008년 4월 원고 패소 판결했으며 2009년 7월 서울고법에서도 항소기각 판결이 나면서 강제징용 피해자들의 손해배상은 물 건너가는 것 같았다. 그러나 2012년 5월 24일, 대법원 제1부(주심 김능환 대법관)는 강제징용 피해자들의 손을 들어주면서 원고 승소 판결하고 파기 환송했다.

 2013년 7월 10일, 서울고법은 "1명당 1억 원씩 손해배상하라"라는 판결을 한다. 신일철주금이 불복해서 한국 대법원에 상고하였으며 양승태 대법원장이 박근혜 대통령과 사법 거래를 해서 상고심 재판이 오랫동안 열리지 않았다. 2013년 12월, 원고 여운택 씨가 사망하였고 2014년 10월에는 신천수 씨 사망, 2018년 6월에는 김규수 씨마저 사망하고 만다. 2018년 10월 30일, 대한민국 대법원은 신일본제철(신일철주금)이 강제징용피해자 4명에게 1인당 1억 원씩 배상하라고 최종 판결한다. 원고 4명 중에서 3명은 사망하였으며, 휠체어를 타고 온 유일한 생존자 이춘식 씨는 98세였다.

황대호, 일본 전범 기업에 대한 조례 제정 시작하다

　나는 조례를 만들기로 마음을 먹었다. 우리나라 대법원에서 기업에 배상하라고 판결을 내렸는데 일본 정부가 나서서 오히려 "경제보복을 하겠다"라는 식으로 대응하는 것을 보고 결심을 굳혔다. 이건 국가 간의 문제가 아니라 기업에게 배상을 하라고 한 것인데 일본 정부가 개입한 것이다. 전범기업 미쓰비시는 중국인 강제징용 피해자들에게는 사죄하고 재단을 만드는 등 행동에 나섰다. 그러나 한국인 강제징용 피해자들에겐 사죄와 보상을 거부하고 있었다. 독일 기업들은 진정한 사과를 했고, 독일 정부는 메모리얼파크를 만들어 피해자들을 기리고 총리가 나서 무릎을 꿇고 사과하면서 피해국들과 같이 나아갈 수 있었다.

　반일감정 기류에 편승하려는 것이 아니고 일본과 함께 나아가자는 것이었다. 우리나라의 아픈 역사를 기억하고 쓰자는 이야기다. 쓰지 말자는 이야기가 아니다. 독일은 매년 진정성 있는 사과를 반복하는데 일본은 적반하장으로 경제보복을 하겠다고 우리 정부를 겁박했고 덩달아 국내의 친일파 학자들과 극우보수 정치인들이 호응하는 것을 보고 조례를 만들어야겠다는 결심을 했다.

전범기업 기억 조례 스티커 (실재 집행되지는 않음)

친일파와 극우보수들의 반격이 시작되다.

 내가 처음 제안한 조례는 우리 국민 세금으로 학교에서 전자제품을 사용하는데, 그게 전범 기업의 제품이면, 좀 알고 쓰자는 취지였다. 그러나 조례에 대한 반응은 뜻밖이었다. 일본과 국내의 친일파들이 발끈한 것이다. 내가 조례 제정을 제안하자마자 나는 본의 아니게 국내외 뉴스의 중심에 서게 되었다. 보수 신문 1면에 내가 나왔고, 모든 보수언론과 방송이 일개 도의원을 집중 공격했다. 공교롭게도 그때는 2019년 3월이었다. 3·1운동 100주년이 되는 해였다. 일부 보수언론의 왜곡으로 한국 공중파, 일본의 NHK나 중국 언론에서도 내 조례를 다 소개했다.

TV조선은 "'??? 제품에 전범기업 딱지', 보여주기식 일제 청산 추진 논란"이라는 제목의 기사를 내보냈다.

뉴데일리는 "흥선 대원군의 쇄국정책"… 전범기업 스티커 '맹비난' 경기도의회, ??? 전범기업-투자기업에 '스티커' 의무화 추진… "싸구려 반일 비판 거세"라는 제목으로 기사를 내보냈다.

하태경 국회의원은 SNS를 통해 "문재인 대통령이 친일파 프레임을 꺼내니 좌파 곳곳에서 친일파 장사하느라 바쁘다"며 조례 제정을 비난했다.

이언주 국회의원은 자신의 페이스북을 통해 "과거 조선을 합방하고 강점한 일본은 군국주의 일본이고, 지금의 일본은 자유민주주의 일본"이라며 "100년 전 일을 이유로 지금의 일본을 이렇게까지 적대시하면서 어쩌자는 것이냐"라며 "그것이 우리한테 어떤 실익이 있냐"라고 지적했다. "오히려 일제든 뭐든 우리가 필요하면 갖다 쓰고 활용하고 하면서 우리의 힘을 키우는 데 집중해야 한다"라고 밝혔다.

유영익 전 국사편찬위원장은 "일본을 넘어서려면 일본보다 좋은 제품을 생산하는 긍정적 방식으로 극복해야지, 부정적인 '딱지'를 붙이는 방식은 역사 인식의 한계를 드러내는 것"이라고 말했다.

한국대학생포럼'은 이날 서울시의회, 경기도의회의 조례안에 대해 논평을 내고 "100년 전 일본 제국의 만행과 현대 일본을 구분하지 못하고, 반일을 인기몰이용 이벤트로 삼는 싸구려 민족주의"라고 했다.

전범기업 기억 조례 재추진 관련 기사

내가 제안한 '경기도교육청 일본 전범기업 제품 표시에 관한 조례안'은 2019년 3월 15일 제안했으나 상임위에 회부되지도 못하고 계류되었다. 경기도교육청도 상임위 논의 이전인 조례안에 대해 '취지는 동감하지만, 상위법이 없어 수용이 어렵다'라며 이례적으로 빠른 입장을 내놓았다. 이렇게 조례는 무산되는 것 같았다. 그러나 촛불 시민들은 역시 위대했다.

일본 정부가 2019년 7월 4일부터 반도체·디스플레이 등의 생산에 필수적인 품목의 한국 수출규제를 강화하는 조치를 시

노재팬 시민운동에 참석한 황대호

행한 데 이어, 8월 2일에는 한국을 일본의 백색국가 명단(화이트리스트)에서 제외했다. 일본은 한국에 대한 수출규제 및 백색국가 제외 방침에 대해 초기에는 강제징용에 대한 우리 대법원의 판결(2018년 10월)을 이유로 내세웠으나, 이후 ▷한국의 전략물자 밀반출과 대북제재 위반 의혹 ▷수출국으로서의 관리책임 등 계속 말을 바꿨다.

나의 예상이 적중했다. 역사를 왜곡한 아베 정부의 경제보복이 시작된 것이다. 소위 말하는 일본의 경제보복이 시작된 것이다. 국내의 친일파들은 또 나라가 망하게 되었다며 일본에 굴복할 것을 종용했고 내가 제안한 조례는 다시 도마 위에 올랐다.

NO JAPAN

그러나 대한민국 국민은 위대했다. 전 국민적인 일본 제품 불매운동이 시작된 것이다.

7월 3일, 인터넷 커뮤니티 클리앙의 한 유저가 'NO, BOYCOTT JAPAN'이라는 로고를 만들어 자유롭게 쓸 수 있도록 하여 배포하였다. 같은 날, 보배드림 자유게시판에 '일본 제품 불매 목록' 사이트를 만들었다는 게시글이 등장하며 도화선을 당겼다.

7월 4일, 약 9만 명의 회원을 가진 경기도 지역 농민단체들은 일본의 반도체 소재의 한국 측에 대한 수출규제 조치를 비판하면서, 일본 제품 불매 및 관광 거부 운동에 돌입한다고 밝혔다.

7월 8일, 서경덕 교수는 일본군 '위안부'의 강제동원을 부정하는 아파 호텔(APA호텔) 이용 불매 등 역사 왜곡 기업들에 대한 불매운동을 호소하였다.

7월 11일에는 일본 제품과 이를 대체할 수 있는 다른 국가 제품의 목록을 알려주는 '노노재팬'이라는 웹 사이트가 생겨났다.

7월 17일에는 회원 수가 133만 명에 달하는 대한민국 최대의 일본여행 커뮤니티인 '네일동일본여행친구'가 불매운동에 동참하면서 카페를 잠정 폐쇄하였다.

7월 20일부터 민주노총, 한국진보연대, 한국YMCA 등 680여 곳의 시민단체로 이루어진 '아베 규탄 시민 행동'은 불매운동에 동참하고 일본을 규탄하는 '아베 규탄 촛불 문화제'를 매주 토요일마다 열었다.

7월 20일, 첫 번째 문화제인 '경제보복 아베 규탄 촛불집회'가 서울특별시 종로구의 옛 주한 일본 대사관 앞 평화의 소녀상 부근에서 참가자 1천여 명의 규모로 진행되었다.

7월 24일, 전국민주노동조합총연맹 서비스연맹 마트산업노동조합 소속 롯데마트·이마트·홈플러스 노동자들과 전국택배연대노동조합 등 소속 택배 노동자들은 일본의 경제보복에 의한 국민적 일본 제품 불매운동에 동참하겠다며, 각각 매장 내 일본 제품 안내와 유니클로 제품 배달을 중단할 것을 결의하였다.

　7월 27일, 서울특별시 광화문광장에서 5천여 명의 규모로 두 번째 문화제가 열렸다.

　8월 3일, 주최 측 추산 1만 5천여 명 규모로 옛 일본 대사관 앞에서 '아베 규탄 3차 촛불 문화제'가 진행되었다.

노재팬 불매운동 스티커

　일본의 의류 업체인 유니클로는 이 불매운동의 핵심 타깃이 되었다. 오카자키 다케시가 "불매운동의 영향은 오래 가지 않을 것이다"라고 발언한 이후 일부 누리꾼과 소비자들의 여론이 격화되었고, 7월 16일 유니클로의 대한민국 지사인 에프알엘코리아(주)가 몇 언론을 통하여 해명과 사과를 내놓았으나 공식적인 입장이 아니었으며, 7월 22일이 되어서야 일본 본사 사장 야

나이 다다시의 의중이 반영된 사과문이 정식으로 게시되었다.

　우리나라는 일본 맥주 수출의 60%가량을 차지하는 가장 큰 해외시장이었지만 지난 2019년 9월 99.9% 감소하였다. 일본산 자동차도 일본 불매운동 여파를 피하지 못했는데, 한국수입자동차협회가 발표한 자료에 따르면 2021년 9월 일본 차(도요타·렉서스·혼다·닛산·인피니티)는 1103대가 판매됐다. 불매운동 직전인 6월(3946대)보다 72% 줄어든 수치다. 일본 당국의 무역통계에 따르면 지난 10월의 일본 맥주의 한국 수출액은 '0원'으로 사실상 수출이 중단되었다.

우리 학생들이 전범 기업을 판결하다.

　일본의 경제보복에 대항하는 전 국민적 저항은 학생들도 움직였다. 교육 현장의 학생들은 우리 역사 바로 알기에 나섰다. 경기도 학생들의 역사를 바로잡아달라는 이 간곡한 외침을 나는 더 이상 무시할 수 없었다. 조례가 우리나라 국민과 외국인들에게 제대로 된 역사를 기억할 수 있게 하는 계기가 될 것이고, 현재 교과서에조차 제대로 거론되지 않은 전범 기업을 제대로 이해할 수 있어서 지금과 같은 비뚤어진 역사를 되풀이하지 않을 수 있다는 것이었다.

수원시청소년의회 모의의회

    2019년 8월 24일 경기도교육청 '꿈의 학교' 학생들이 경기도의회에서 심의를 앞둔 '경기도교육청 일본 전범 기업 기억에 관한 조례안'을 직접 심의하는 체험을 했다. 수원청소년의회학교 학생(중·고생) 53명은 24일 도의회 본회의장에서 회의를 열어 조례안을 심의했다. 이들은 도의회의 안건 심의 절차와 동일하게 5분 자유발언, 안건 토론 및 표결, 실행방안 토의 순으로 2시간여 회의를 진행했다. 5분 자유발언에 이어 본격적인 조례안 심의에 앞서 찬성과 반대 측이 3명씩 나서 진행된 상호토론은

치열했다.

　찬성 측은 일본 전범 기업 제품에 대해 토론할 수 있는 과정이 생긴다면 우리 국민과 외국인들에게 제대로 된 역사를 기억할 수 있게 하는 계기가 될 것이라고 목소리를 높였다. 또 현재 교과서조차 다루고 있지 않은 일본 전범 기업을 제대로 이해할 수 있게 돼 비뚤어진 역사를 되풀이하지 않을 수 있다고 지적했다.

　반대 측에서는 전범 기업 제품에 인식표를 붙인다고 해서 제대로 된 역사를 기억하게 한다는 등의 목적을 달성한다고 볼 수 없고, 오히려 일본의 경제보복을 심화하는 데 이용당할 수 있다는 점과 공공기관이 나서는 점은 부적절하다고 지적했다.

　토론을 마친 청소년 의원들은 조례안을 표결에 부쳐 재석 의

수원시청소년의회 모의의회 표결 결과

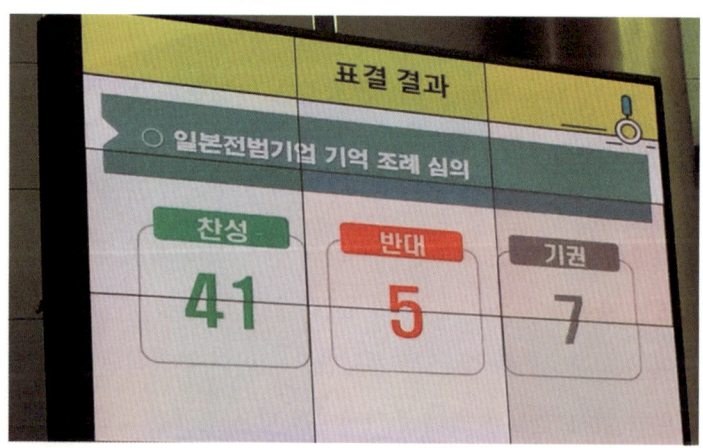

원 53명 중 찬성 41명, 반대 5명, 기권 7명으로 가결했다.

조례안 심의 후 실행방안에 대한 의견도 나눴다.

주요 실행방안으로 학교 역사교육 과정 재편성을 통해 근현대사에 대한 교육 강화 및 전범 기업에 대한 기술 강화, 교내 백일장·그림 그리기 대회 등 각종 행사 개최, 전범 기업에 대한 정보를 개인 SNS 사이트에 링크 올리기 캠페인, 전범 기업 UCC 대회 개최 등 참신한 제안들이 많았다. 전범 기업 기억 조례에 대한 우리 학생들의 결론은 '압도적 찬성'이었다.

조례 재상정 통과

나는 '왜 조례를 통과시키지 않느냐?'는 국민들의 뜨거운 질타를 다시 받게 된다. 나의 조례가 결국 옳은 것이었다는 것이 시민들의 힘으로 밝혀졌다. 나는 다시 조례안을 경기도의회에 제출했다.

"지난 7월 1일 일본은 우리나라로 수출되는 3가지 반도체 생산원료에 대한 수출규제를 일방적으로 발표하더니 8월 2일에는 백색국가에서 우리나라를 제외함으로써 사실상의 경제전쟁을 선포하였습니다.

수원시청소년의회 사진 일본 전범기업 조례 심의

그 이후 많은 국민께서 일본의 수출규제를 빙자한 경제보복을 제2의 주권 침략으로 규정하고, 제2의 독립운동으로 자발적인 불매운동을 벌이고 계십니다. 모든 국민의 하나 된 목소리에서 저는 100년 전 3·1운동의 함성과 민주주의 수호를 위해 거리로 나섰던 위대한 우리 국민의 저력을 다시금 느끼고 있습니다."

– 2019년 8월 26일 경기도의회 제338회 임시회 발언

결국 "경기도교육청 일본 전범기업 기억에 관한 조례안"은 상임위에 2019년 8월 21일 상정되어 8월 30일 상임위 통과하고 9월 10일 본회의 상정으로 통과됐다.

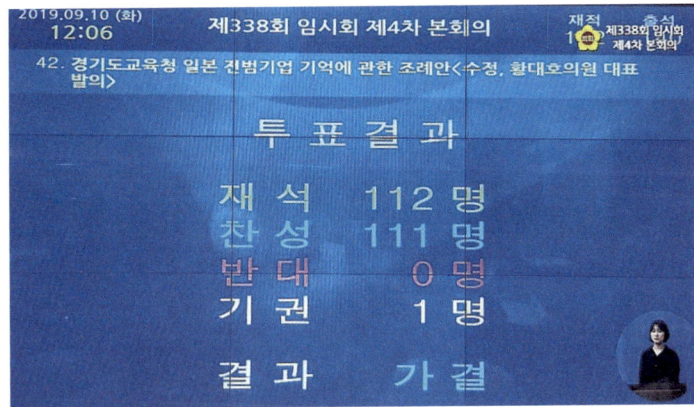

경기도교육청 일본 전범기업 기억에 관한 조례안 본회의 통과

황대호를 만든 사람들 – 빅 타이거즈

이미숙 _ 구운중학교 운영위원회

황대호 의원님은 가장 신뢰하고 존경하는 분이다. 인품도 좋으시고 어떤 일을 추진하시면 그것을 끝까지 책임지시고 이끌어 가신다. 약자의 편에 서서 일하심을 감사드린다. 끝까지 초심 변치 않으시기를 늘 바라면서 제가 추가적으로 드리고 싶은 말씀은 성경 아모스 5장 24절에 나오는 구절이다. "오직 정의를 물같이, 공의를 마르지 않는 강같이 흐르게 할 지어다." 라는 말씀이 있다. 오직 다른 사람을 하나님의 형상을 따라 지음 받은 존귀한 존재로 대하시며 불공평한 일을 바로잡고 억울한 이들을 돕고 정의로운 일을 이루어 가시는 정치인이 되시기를 바라며 기도드린다.

황대호 의원과 나의 만남

2018년 추석 연휴가 끝날 무렵이었다. 당시 OO초 학부모회장으로 있을 때 학교에 일이 있어 들렀다. 당시 OO초는 엘리베이터 공사가 한창 진행 중이었다. 3층 건물인데도 그때까지 엘리베이터가 없었기 때문이다. 그날도 공사 관계자분들이나 학교 관계자분들이 학교에 계시다가 모두 퇴근한 상황이었다.

잠깐 학교를 둘러보고 있었는데 남자 어린이 몇 명이 (학교에 재학 중) 공사 중인 엘리베이터 계단을 오르내리며 놀고 있었다. 너무 깜짝 놀랐다. 아무런 안전 보호막도 안전망도 없었고 그야말로 발만 조금 헛디디면 떨어져 크게 다칠 상황이었다. 옆에 계셨던 교감 선생님이 아이들을 조심스럽게 잘 내려오도록 지도하고 무사히 집으로 돌려보냈다. 어떻게 공사 관계자들께서 아무런 안전 보호막도 설치하지 않은 채 퇴근을 했는지 도무지 이해가 되지 않았다.

문제는 그날이 금요일이라 주말에 또 그런 일이 발생할 수도 있었기에 그냥 현장을 떠날 수가 없었다. 그래서 공사 관계자분들에게 전화를 드렸더니 정확히는 기억이 나지 않으나 퇴근하여 올 수가 없으니 '안전제일'이라는 문구만 써서 붙여두라는 것이었다. 학교 관계자분들도 마찬가지였다. 행정실장님도 전화를 받지 않았고 여기저기에 도움을 줄 수 있는 기관에 전화를 걸어 말해도 휴일이라 도움을 줄 수 없다는 대답뿐이었다.

어느덧 주변은 어둑어둑해지고 있었다. '그냥 문구만 써서 붙이고 가야 하나?' 하다가 마지막으로 생각난 분이 황대호 도의원이었다. 교육위의원인 황대호 의원은 몇 번 뵙지는 못했지만 늘 열정적으로 의정활동을 했고, 특히 학교 아이들에게 큰 관심이 있음을 알고 있었다. 전화를 드리자마자 받으셨고 상황을 설명하고 사진을 보내드렸다. 도움을 줄 수 없다던 행정복지센터 직원 두 분과 황 의원이 같이 와서 '안전제일' 띠를 설치할 수 있었다. 임시 보호막을 설치한 것이다.

황대호 의원은 저와 전화를 끊자마자 저녁을 드시다가 행정복지센터로 전화를 해서 직원들과 함께 달려오신 것이다. 얼마나 고맙던지…. 행정복지센터 두 분은 일을 마치고 가셨고, 학교 교장 선생님이 연락을 받고 오셨다. 대화하는 도중 연락이 되지 않던 학교 행정실장님이 술이 많이 취하신 상태로 오시더니 소리를 지르며 멱살을 잡으려고 하면서 누가 남의 학교에 와서 허락도 없이 안전제일 망을 설치하냐고….

겨우 교장 선생님께서 말리셔서 일단락되었다. 그때 놀라운 것은 황대호 의원님의 차분하면서도 의연한 대처였다. 계속 한 발짝씩 물러서면서 행정실장님을 진정시키는 모습이었다. 황대호 의원님과 나의 긴박했던 만남을 잊을 수 없다. 고맙고 미안한 마음이 들었다.

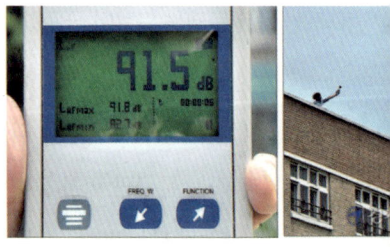

학교 소음피해 측정 사진

소음피해가 얼마나 심각한가요?

겪어보지 않으신 분은 실감하지 못합니다. 남편과 나는 항상 이명이 들려요. 귀가 좀 어두워졌어요. 비행기가 뜨고 날아다니는 시끄러운 소리 때문이죠. 구운중학교에 다니는 울 아들, 늘 영어 듣기시험은 꽝이었죠. 비행기 소리에 묻혀서 학생들 모두 영어 듣기 모의고사 성적이 엉망이었어요. 종소리가 안 들려 학교 수업 시작할 때 늦을 때도 많았어요.

소음피해 관련 토론회

전투기 소음으로부터 학교를 지키다

전투기 소음피해는 겪어보지 않은 사람은 실감하기 어렵다. 토론회에 참석한 이미숙 탑동초 학부모회장은 피해 상황을 말하며 대책 마련을 촉구했다.

"자야 하는 밤에도 85db 이상의 소음에 시달리다 보니 제대로 잠을 잘 수도, 낮에 전화통화를 할 수도, 주민과 말을 할 때도 지장을 받는다."

"주민들도 스트레스 호소와 두근거리는 심장, 우울감과 불안감에 시달리는데 한창 감수성이 예민한 청소년에게 미칠 악영향은 불 보듯 뻔하다."

전투기 소음은 해당 지역주민에게는 오랫동안 해결 못한 숙제였다. 나는 무엇보다도 어린 학생들의 수업권이 침해당하는 것만은 먼저 막아야겠다는 생각을 했다.

 내가 피해학교를 전부 돌아다니면서 파악한 전투기 소음피해는 심각한 수준이었다. 수업시간마다 뜨고 내리는 군용기의 소음으로 인해 수업은 툭하면 중단되기 일쑤였다, 아이들은 선생님 말씀이 들리지 않아 수업에 집중하지 못하고 산만해졌다, 더 큰 문제는 지속적인 소음 때문에 아이들이 무조건 큰 목소리로 말하고, 작은 소리는 잘 듣지도 못하고, 폭력적인 과잉 행동 경향마저 보인다는 것이었다. 학생은 정서에 멍이 들고 학습능력은 떨어지며, 교사는 하루빨리 떠나야 할 곳이라고 인식하고 있는 지금의 상황을 더 방치하면 안 된다고 판단했다.

 상황이 이렇게 심각한데도 여태껏 도 교육청-교육지원청-시청 간의 유기적인 대책 마련이 없다는 현실이 더 충격적이었다. 이제라도 각자가 머리를 맞대 아이들의 학습권을 어떻게 지켜줄 것인지 구체적인 방안을 마련해야 한다는 위기의식을 강하게 느꼈다.

 2018년 12월 12일 수원시 권선구청 대회의실에서 군 공항 주변 지역의 소음피해 학교 지원을 위한 토론회가 열렸다. 이날 토론회에는 백혜련 국회의원, 최순옥 수원교육지원청 교육장을

소음피해 관련 기사

비롯해 실제 소음으로 인해 학습권과 교수권 침해를 호소하는 서수원 지역의 학교 관계자와 학부모 등 150여 명이 참석했다.

토론회에 참석한 김내식 구운초 교장은 "지난주 학교 학부모 250여 명을 상대로 설문조사를 실시했는데 90%에 가까운 학부모들이 항공기 소음으로 인해 일상생활에 지장을 받고 있다고 응답했다. 특히 아이들이 학교에 다니는 낮의 소음을 심각하게 우려했고, 3~5년 전에 대비해서 소음이 그대로이거나 더 심해 졌다는 응답이 많았다"라며, "아이들이 점점 예민해지고, 자주 놀라고, 이상행동을 보이는 만큼 낮 비행을 멈추거나, 또는 학교 삼중창 설치 등 구체적인 개선방안이 마련되길 희망한다"라고 말했다.

이철희 수원교육지원청 경영지원과장은 "정확한 실태를 파악한 이후 도 교육청과 협의하여 방음시설 설치 및 보강, 냉난방기 설치, 체육관 설립, 공기정화장치 지원 등 행정적 재정적 지원과 함께 근무 기피 지역 근무에 따른 교사 가점 부여 방안 등 모든 지원방안을 마련하겠다"라고 말했다.

이날 토론회에서는 방청석에서 열띤 질의와 답변이 이어졌다. 근본적인 군 공항 이전이 필요하다는 지적부터 군부대에 낮 비행 제한요청, 모든 교실의 삼중창 설치 및 창문을 열고 수업이 어려우므로 냉난방기의 설치와 이에 필요한 전기 비용 지원 요청 그리고 교사의 가점 부여에 이르기까지 군 소음피해 학교에 대한 다양한 지원 논의가 개진됐다.

전국 최초 전투기 소음피해 조례 제정

나는 토론회에서 주민들이 지적한 내용을 전부 조례에 담았다. 이렇게 해서 '경기도교육청 군사기지 및 군사시설 주변 소음피해 학교 지원 조례안'은 2019년 1월 29일 상임위에 회부되고 9월 10일 본회의에서 가결되었다. 주요 내용은 경기도 교육감이 소음피해 학교 학생들 교육의 기회균등과 학습권을 보장하고, 교원의 교수권이 확보되도록 지원방안을 수립하는 것이다. 또 ▲소음피해 학교의 행정·재정적 지원을 위한 사업 계획 ▲피해학교 교육여건 개선 위한 기본 방향 ▲다양한 교육기회

소음피해 조례 도의회 통과

제공 ▲교원 가점제 등 지원방안 ▲심리치료 등을 계획해 세우도록 했다. 특히 교육감이 도지사, 시장, 군수의 협조로 도내 군사기지 및 군사시설로 인한 학교의 소음피해 상황을 매년 파악한다는 부분과 소음피해 학교 지원 심의위원회 설치, 피해학교 교직원 배치와 우대 등도 추가했다.

이 조례는 지방정부 차원에서 전투기 소음에 대한 실질적인 피해대책을 전국 최초로 마련했다는 점에 특별한 의미가 있는 조례였다. 나는 조례의 의미도 중요하지만 오랫동안 끈질기게 주민들과 소통하고 주민과 같이 느꼈던 문제의식이 조례로 그대로 반영되었다는, 주민과 같이 만든 조례라는 점에서 많은 성취의식을 느꼈다.

2020년 8월 11일 조례 제정에 대한 후속 조치로 경기도교육청에서 '군 항공기 소음피해 학교 지원 협의회'를 개최했다. 조례 제정 1년여 만에 확실한 성과가 나온 것이다. 군 항공기 소음으로 인한 학습권 침해 현황 실태조사 추진 등 피해학교 보상대책을 논의하는 자리였다. 이는 국가 사무인 군 관련 사안에 대해 처음으로 지방정부 차원에서 피해학교 보상을 위한 대응에 나선 것이라는 점에서 큰 의미가 있는 자리였다.

이 자리에서 백혜련 국회의원은 "서수원 지역은 오래전부터 군 항공기로 인한 소음피해가 극심한 지역으로, 이러한 환경에서 과연 우리 아이들이 제대로 된 학교 수업을 받을 수 있을지 걱정이 많았다"라며, "황대호 의원의 각별한 노력 덕분에 지난해 9월 '경기도교육청 군사기지 및 군사시설 주변 소음피해 학교 지원 조례'가 제정되었고, 이에 근거해 구성된 이번 협의회를 통해 소음 피해학교에 대한 실효성 있는 대안이 마련되길 바란다"라고 기대감을 보였다.

나는 이 자리에서 "소음 영향 측정은 실제로 군사기지에서 군 항공기가 비행을 수행하는 경로 지점에 자리한 10개교가량을 특정해 실시하는 것이 현실적인 방법"이라며, "교사 내 소음피해 정도 확인을 위해 일반적으로 학교에서 가장 높은 층인 4층 교실과 학교 옥상, 교실 창문 1m 이내 거리에서 소음 정도를 측정해 결과를 비교하는 것이 좋겠다"라는 의견을 피력했다.

전투기 소음피해 152억 예산편성 2022년부터 집행 예정

드디어 조례 제정 2년 만에 전투기 소음피해에 대한 실질적인 보상을 위한 경기도 예산이 편성되었다. 2021년 도의회에서 통과된다면 2022년부터 집행을 앞두고 있다. 물론 이번에 예산

편성이 된 대상은 전투기 소음으로 피해를 보고 있는 학교에 대한 지원이다. 만시지탄의 감이 있지만 이렇게라도 첫발을 뗄 수 있어서 다행이다.

 그러나 나는 이것으로 만족할 수 없다. 학교뿐만 아니라 소음으로 피해를 받는 지역주민들을 위한 대책도 필요한 것이다.

소음피해 지도

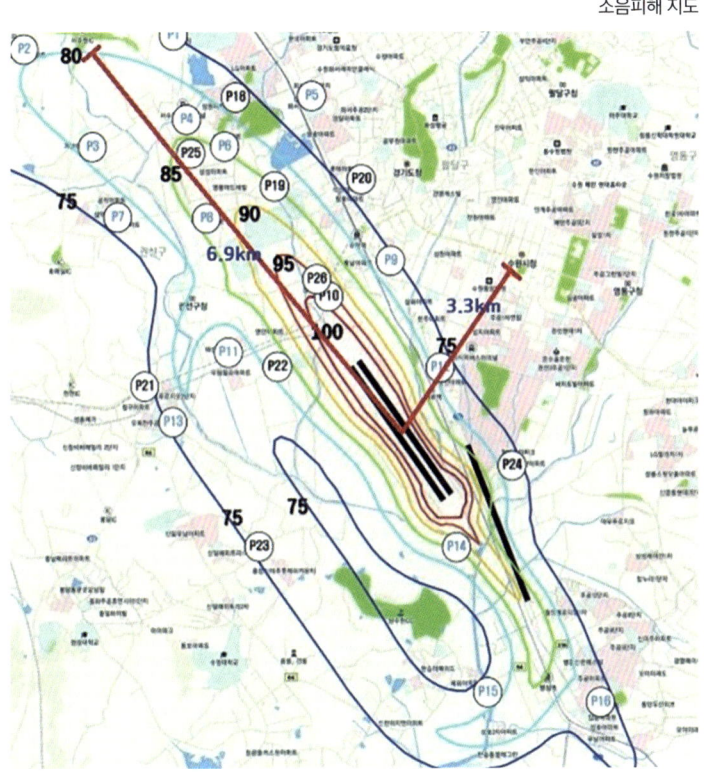

'경기도 군사기지 및 군사시설로 인한 소음피해 등 지원 조례 일부 개정 조례'를 2021년 6월 1일 상임위에 제출했다.

물론 주민을 대상으로 하는 '군 소음보상법'이 이미 2020년에 제정되어 2021년부터 보상에 들어갔다. 그러나 '군 소음보상법'은 너무나 미흡한 보상대책이다. '군 소음보상법'의 법적 보상기준인 85웨클을 기준으로 확인해보면 같은 아파트임에도 길 하나, 동 호수 하나 차이로 보상금이 달라지는 경우가 발생하기도 한다. 그리고 보상기준이 너무 높다. 이미 김포공항에서도 75웨클을 기준으로 민간인 보상을 하고 있다.

황대호를 만든 사람들 - 빅 타이거즈

김병지 _ 국가대표 축구선수

"황대호 의원과는 대한축구협회 골키퍼 지도자 강습회에서 같은 수강생으로 처음 만났다. 23년 동안 몸담은 국가대표팀과 프로축구선수 경력을 마무리하는 시점에 지도자 교육도 병행했다. 마침 목포국제축구센터에서 개최한 KFA 2급 지도자 자격증 코스를 지원했고 그때 황 의원을 처음 본 것이 기억난다. 교육을 받고 시험을 통과해야 할 상황이라서 모든 걸 내려놓고, 함께 토론하고 실기이론시험을 준비했던 것 같다."

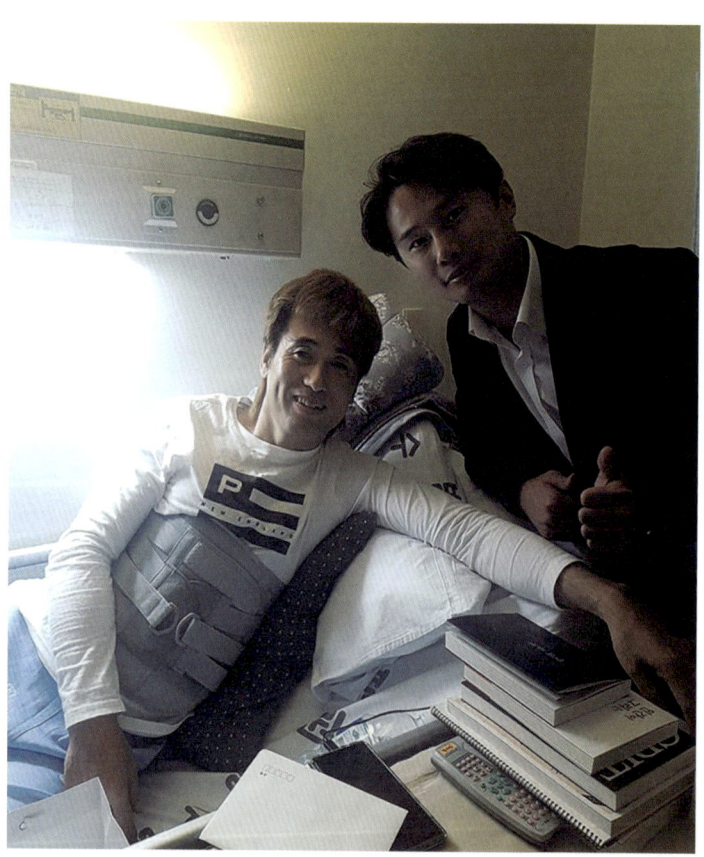

김병지 감독 병문안 (2017년 12월 8일)

황대호 의원과 같이 겪은 일화가 있다면?

우연인지 인연인지 수강생 중 같은 조에 편성되었다. 그래서 실기 이론 시험과 조별 발표 수업을 함께 준비했다. 사실 2~3주 합숙하면서 같은 목표를 위해 시간을 보낸다는 일이 쉬운 일은 아닌데 참 배울 점이 많은 친구였다. 그때도 발표 수업을 준비하면서 축구지도자 교육시스템과 정책에 대한 고민을 공유했다. 특히 밤을 새워 준비하는 모습이 인상적이었고 실기시험 때도 귀찮을 정도로 질문하고 조언을 구하더라. 그 모습이 너무 대견스러웠고 감동적이어서 피자/치킨을 간식으로 사주기도 했다.

그러다 2017년 11월 교통사고를 당했고 후유증으로 허리디스크가 파열돼서 신경이 마비되는 상황까지 갈 정도로 상태가 안 좋았다. 병원에서 수술하고 여러 가지 어려운 상황이었는데 병문안을 와주고 힘든 시간을 함께 해줘서 많은 위로가 되었다. 의원 활동하면서도 체육인과 축구계를 위해서 의정활동을 열심히 하는 모습을 볼 수 있었다. 경기도의회를 직접 방문해서 감사의 표시를 전하기도 했다. 지금은 나도 대한축구협회 부회장으로 축구 저변 확대를 위한 행정가의 길을 걷고 있어서 파트너로서 많은 의견을 공유하고 있다.

"선배님이 걸어온 삶의 길을 따라서 후배들이 걷고 있습니다. 불의의 사고로 힘든 시간을 보내고 있으면서도 늘 그랬듯 다시 일어서려는 모습 보면서 저도 마음을 다잡습니다. 얼른 쾌유해서 영원한 레전

드로 다시 돌아와 주세요. 응원합니다."

— 2017년 12월 8일 병문안

'스포츠는 복지다'라는 주제에 대한 생각은?

스포츠는 단순히 승패를 겨루는 경쟁을 떠나 시민들의 건강한 삶을 위한 필수조건이라고 생각한다. 나는 스포츠 복지나 여가의 수준이 그 국가의 수준을 결정한다고 생각한다. 건강하지 못한 삶이 무슨 의미가 있겠는가? 스포츠 복지는 이제 100세 시대를 위한 필수적인 과제다.

최근에는 어떤 활동에 주력하고 있는지?

현재는 대한축구협회 부회장을 역임하면서 김병지 스포츠문화진흥원, 한국축구국가대표 이사장, 유튜브 '꽁병지tv'와 sbs 방송 '골때리는 그녀들' 시즌2 개벤져스 감독으로 국민과 소통하고 있다. 늘 팬들과 만나는 일은 소중하다. 받은 사랑이 너무 과분했다. 그 사랑을 돌려드릴 수 있도록 최선을 다하겠다.

황대호 의원에게 거는 기대가 있다면?

황대호 의원은 그간 의정활동을 통해서 체육인들의 지지를 많이 받고 있다. 실제로 그렇다. 스포츠를 도구나 수단이 아닌 진정한 가치로 여기고 늘 체육인들과 국민 편에서 조례나 정책사업을 추진하려 애쓰는 모습을 옆에서 지켜보았다. 코로나 19로 위기에 몰린 체육계를 위한 지원만 보아도 알 수 있는 대목이다. 실제로 결과와 성과로 입증한 일들이 많다. 앞으로도 이 초심 잃지 말고 국민을 위해 최선을 다해주었으면 좋겠다. 늘 응원하겠다.

대한축구협회 골키퍼지도자교육

스포츠 복지국가의 꿈

최숙현 법

"고(故) 최숙현 선수는 2015년부터 4차례 국가대표로 선발되고 2017년 전국 체전 철인3종경기에 출전한 유망주였다. 그러나 2019년까지 소속됐던 경주시청 팀의 감독과 팀 닥터로부터 구타와 폭언에 시달렸으며, 팀 선배 2명도 이에 가담한 것으로 알려졌다. 최 선수는 2020년 2월 처음으로 경주시청에 가혹행위를 신고했고, 3월에는 가해자 4인을 폭행 등의 혐의로 고소했다. 그리고 4월에는 대한체육회 스포츠인권센터에, 6월 22일에는 철인3종경기협회에 도움을 요청했으나 각 단체의 조사·수사가 지지부진하면서 극단적 선택을 한 것으로 알려졌다.

경주시청 소속의 철인3종경기(트라이애슬론) 선수로 활약했던 20대 초반의 청소년 대표 출신 선수 최숙현이 감독과 팀 동료의 폭행과 폭언에 시달리다 극단적인 선택을 하는 사건이 일어나 충격을 안겨주고 있다."

"비 오는 날 먼지 나게 맞았다. 체중 다 뺐는데도 욕은 여전하다. 하루하루 눈물만 흘린다." 22살 최숙현 선수는 더 이상 견디지 못하고, "엄마 사랑해. 그 사람들 죄를 밝혀줘"라는 메모를 남긴 채 2020년 6월 26일 부산 숙소에서 뛰어내려 생을 마감했다.

어떻게 이런 일이 계속되는 것일까? 이런 현실이 계속된다면 스포츠 복지국가의 꿈은 요원한 것이다. 한국 엘리트 스포츠의 현실은 너무나 비참하다. 왜 이런 일이 벌어지는 것인가? 생각보다 간단한 문제다. 특기자 체육 입시제도를 개선해야 한다. 여전히 성적 지상주의, 엘리트 체육인 육성방식과 수직적 관계가 이 문제의 원인이다. 그 근본적인 문제점은 특기자 대입제도와 국민체육진흥법에 있다. 출전 성적이 필수조건이기 때문에 당연히 출전권이 중요하게 되고, 그것을 선택하는 감독과의 수직적 관계가 이뤄질 수밖에 없는 구조다.

만약 특기자 전형에 내신이나 수능성적을 반영하고 국민체육진흥법을 개정해서 공부와 학업을 병행할 수 있는 정책을 만든다면 이런 것들은 자연스럽게 해소될 것이다. 말도 안 되는 대입 제도를 등에 업고 대학입시라는 무기를 학생선수들과 학부모들에게 들이대는 근본적인 구조의 문제이다. 열악한 스포츠 인프라 탓에 비인기 종목 선수들은 더더욱 그들만의 카르텔에서 빠져나올 수 없다.

　매번 체육계의 비리 문제가 발생해 사회면 이슈로 떠오를 때마다 '전수조사다' '엄벌에 처한다'라고 하는데 현실은 여전하다. 왜 이런 문제가 계속되는 것인가? 문제는 시스템이다. 징계 이력 관리만 서로 공유하고 이걸 관리하는 협의체 격의 기관만 있어도 고질적인 체육계의 카르텔은 막을 수 있다. 기존의 신고 체계로는 절대 선수들을 사각지대로부터 보호할 수 없다. 근본적인 대안이 필요하다.

　지도자들이나, 협회 직원들이 징계를 받아도 공유가 제대로 되지 않아 직장운동부에서 학교나 협회, 프로팀으로 또 학교에서 직장운동부나 협회로 재취업할 수 있다. 이런 현실에서는 폭력과 비리가 근절되지 않는다. 문제도 간단하고 해결책도 간단하다. 문제는 제도적인 해결책을 누구 하나 체육계의 현실에 맞게 고민하고 노력하지 않는다는 데 있다.

　나는 엘리트 체육에서 지역형 스포츠클럽으로, 스포츠 강대국에서 스포츠 선진국으로, 전환해야 한다는 기조에는 찬성한다. 다만 대안 없는 마녀사냥식 엘리트 체육의 폐지가 체육계 비리의 근본적인 대안은 될 수 없다고 생각한다. 지금도 현장에서는 자신의 꿈과 국가를 위해서 올곧게 노력하는 지도자와 선수들 그리고 학교체육공동체가 있다. 그분들이 일부 일탈하는 지도자

체육계 성폭력 비리 관련 기사

징계 받고도 복귀하는 지도자 … 악순환이 '괴물' 키워

김중래 · 승인 2019.02.13 · 댓글 0

황대호 도의원 체육계 병폐 폭로

도내 일선학교 부당행위와 성범죄로 징계를 받은 학교운동부 지도자들이 다른 시도 학교운동부에 재취업한 사실이 드러났다.

황대호(민주당·수원4) 경기도의원은 12일 제333회 경기도의회 임시회 1차 본회의 5분 자유발언과 기자회견을 통해 최근 도민들에게 받은 학교운동부와 직장운동단체 등에서 경험한 성범죄 등에 대한 제보 결과를 폭로했다.

황 의원에 따르면 A지도자는 지난 2016년 경기도내 한 중학교에서 성비위로 코치직에서 해임됐지만, 그 다음해 버젓이 인근 도시 시민 구단으로 옮겨 트레이너로 일한 뒤 현재 충청지역 학교에서 코치로 활동하고 있다.

B지도자는 타 시·도에서 부당행위로 자진 사퇴했으나, 도내 학교운동부에서 지도자로 재취업했다.

도내 한 고교 운동부 감독이던 C지도자는 불법찬조금 수령으로 해임돼 학생들의 대학진학을 빌미로 여전히 실권을 행사하고 있었다. D지도자는 부당행위로 징계를 받아 자진사퇴한 후 스스로 지역클럽팀을 만들어 같은 학생들을 대상으로 지도자 활동을 이어가고 있다.

와 협회 관계자들에 의해 사회악으로 매도돼선 안 된다. 현장에 가보면 체육계 선진 시스템을 원하는 건 오히려 엘리트 체육인들이다.

이번 기회에 체육인들의 말을 제대로 들어서 엘리트 스포츠와 클럽 스포츠를 모두 가져갈 수 있는 정책을 만들어야 한다. 체육계 지도자들도 본인들이 단순히 선수들의 기술을 향상하는 코치가 아니라 한 사람의 삶을 바꾸고 성장시킬 수 있는 교육자라는 것을 항상 명심해야 한다.

경기도형 스포츠 뉴딜사업

코로나 19는 우리 사회를 근본부터 흔들었다. 위기에 몰려 있는 체육계 현실도 비참했다. 나는 전국 최초로 '경기도형 스포츠 뉴딜' 정책을 추진했는데, 그 정책이 다른 지자체나 공모전의 우수 사례가 되기도 했다. 전국 최초 제정 조례인데, 많은 타 시도에서 모델이 되고 있다.

경기도형 스포츠 뉴딜사업은
- 코로나 19로 일자리를 잃거나 생계에 어려움을 겪는 체육종사자에 대한 단기 일자리 제공 9억 6000만 원

- 경기도체육회 가맹단체에 대한 방역물품 지원 3억 2000만 원
- 비대면 스포츠 교육 콘텐츠 제작 지원 4억 6000만 원
- 경기도 스포츠 혁신 위원회 구성

등으로 구성되었다.

스포츠 뉴딜사업은 근본적인 해결책은 아니다. 그러나 현재와 같은 국가적인 위기 상황에서는 국가재정을 투입하여 반드시 극복해야 할 과제라고 할 것이다. 특히 위기 상황에서 가장 고통받는 부분은 비인기 종목이다. 비인기 종목의 활성화가 굉장히 시급하다. 그래서 나는 경기도형 스포츠 뉴딜 시즌2를 이재명 경기지사에게 제안했다. 65개의 종목 단체가 있는데 대다수가 비인기 종목이다. '단기 일자리 지원이나 방역물품이 간절히 필요하다'라는 목소리와 의견을 수시로 듣고 있다. 나는 경기도형 스포츠 뉴딜 시즌2를 다시 제안했다. 경기도 차원이 아니라 국가적인 차원에서 예산도 증액하고 전폭적인 지원을 강력하게 희망한다. 이제는 경기도가 아니라 대한민국 스포츠 뉴딜이 필요한 시점이다.

경기도 스포츠 뉴딜 관련 기사

스포츠도 자치분권이다.

　스포츠 복지국가란? 스포츠 강대국에서 스포츠 선진국으로 가야 하는 패러다임의 변화다. 소수 엘리트를 위해서나 국면 전환용으로 이용되는 스포츠가 아니라 모든 국민이 참여할 수 있는 정책과 인프라를 만들었어야 했는데, 올림픽이나 월드컵, 아시안게임 등 메가 스포츠 이벤트를 많이 열었지만 그때뿐이었다.

이제는 스포츠 자치분권이 필요한 시대다. 언제까지 미국이나 일본 등 선진국 타령만 할 것인가? 그 나라들은 자치분권 아래 각 지방자치 단위가 교육자치권을 가지고 있다. 그래서 대부분 어린이집, 유치원, 초중고 학교 안이나 주변에 모든 스포츠를 즐길 수 있는 시설을 확보하고 그 지역 주민들과 공유하고 있다.

정치와 체육 모두 개인보다는 공공의 이익을 위해 헌신한다는 점에서 공통점이 있다고 생각한다. 스포츠 또한 개인보다는 팀과 지역 나아가 국가를 위해 피땀을 흘려야 하기 때문이다. '스포츠 복지국가의 꿈' 그것이 '황대호의 꿈'이기도 하다.

학교체육정책 부산강연

황대호를 만든 사람들 – 빅 타이거즈

김경란 _ 한빛 초등학교 초등보육 전담사

2020년 10월 황대호 의원님 페이스북에서 경기도 교육청 부당 사례 행정 감사 도민 제보 요청을 보았습니다. 2020년 11월 초에 제가 직접 황대호 의원님께 부당한 이행 강제금 사례 민원을 제보하였습니다. 11월 8일 경기도 도의회에 방문하였고, 황대호 의원님께 민원 상담을 하였습니다. 바쁘신 와중에도 황대호 의원님은 친절하게 끝까지 민원 사례를 경청하였습니다.

경기도 교육청이 1주당 15시간 근로를 인정하지 않기 위한 편법을 사용한 것으로 인정되었고, 중앙노동위원회 판결을 거쳐서 서울행정법원, 서울고등법원, 수원지방법원에서도 부당해고 판결을 받았습니다. 그러나 경기도 교육청은 근로자를 법의 문 앞에서 좌절시키려고 4~5년씩 법적 소송을 남발하고 있습니다. 부당해고를 인정받더라도 경기도 교육청이 버티면 학교 현장으로 복직이 힘든 상황이었습니다. 경기도 교육청은 부당해고자가 복직하는 나쁜 선례를 만들지 않기 위해서 이행 강제금을 납부하면서까지 경기도 도민 혈세를 낭비하였습니다.

2020년 11월 27일 황대호 의원님이 경기도 교육청 행정 감사 때 노사협력과 담당자에게 학교 비정규직의 차별적인 복직 명령 불이행의 부당성을 질타하였습니다. 경기도 교육청은 제 원직 복직 명령을 거부하면서 이행 강제금, 변호사비용 1억2천만 원 혈세를 낭비하였습니다.

2016년에 저는 부당해고 노동자였습니다.

황대호의원의 도움으로 2021년 3월에 한빛초등학교로 복직한 초등보육 전담사입니다. 저는 결혼 후에 자녀 양육으로 이른바 경력 단절녀가 되었습니다. 2010년 고양 장촌 초등학교 학습 인턴 교사로 학교 비정규직 노동자로 제2의 인생을 시작했습니다. 그동안 학습부진아 강사, 기초학력 도우미 강사, 행정 인턴, 학습상담사, 초등보육 전담사로 근무한 학교 비정규직 노동자입니다.

그동안 50대 아줌마가 일할 수 있다는 사실 자체로 감사하였고 학교에서 아이들을 지도한다는 사명감으로 학교 측의 부당한 대우에도 복종할 수밖에 없었습니다. 경기도 교육청은 무기 계약직을 회피할 목적으로 쪼개기 계약을 하였습니다. 이에 대한 문제 제기로 2016년 한빛초등학교에서 해고를 당한 후에 중앙노동위원회에서 부당해고 판결을 받아냈습니다. 그러나 내 앞에 놓인 현실은 5년 동안 경기도 교육청과 벌인 가시밭 같은 법적 소송이었습니다..

지금은 한빛초등학교에 복직한 후에 초등학교 돌봄 교실에서 보석 같은 아이들을 지도하면서 행복한 일상을 보내고 있습니다.

교육 공무직으로 살아간다는 것

경기도 교육청은 교육 공무직원 31,500명을 고용한 교육 기관입니다. 교육청과 학교 비정규직 근로자는 사용 종속 관계입니다. 경기도 교육청은 교육청 지시에 고분고분 따르도록 비정규직을 교묘하게 심리적으로 압박해왔습니다.

초등학교 돌봄 교실은 아이들이 엄마 품처럼 따뜻하고 안전하게 양질의 교육과 보육을 받으며 재미있게 지낼 수 있는 교실입니다. 그러나 시간제 초등보육 전담사들은 아이들의 보육 업무를 수행하기에는 턱없이 부족하여 아이들 안전 문제 때문에 항상 불안하고 초조하였습니다. 초등보육 전담사는 같은 초등학교에서 동일한 돌봄 업무를 하지만 주 40시간, 주 35시간 주 30시간, 주 20시간으로 분류하여 근무하고 있습니다. 초등보육 전담사들은 동일한 돌봄 업무를 함에도 불구하고 월급은 개인별로 천차만별입니다. 같은 학교에서 같은 업무를 하면서 동일한 임금을 받지 못합니다. 이렇게 복잡한 초등보육 전담사 급여체계 때문에 상대적인 박탈감을 가지게 되었습니다.

황대호 의원에게 바란다

경기도 의회 황대호 의원님 덕분에 한빛초등학교에 복직할 수 있어 감사드립니다. 의원님이 근로기준법 위에서 군림하고 있던 경기도 교육청이 학교 비정규직을 탄압하는 위법과 탁상행정을 질타하시고 개선해주셔서 감사드립니다.

저는 힘없는 학교 비정규직입니다. 제 법원판결문이 열악한 주 14시간 초등보육 전담사의 근무 환경을 개선할 수 있었습니다. 그리고 세상을 조금씩 변화하기 위해서 같이 고민하고 행동해주시는 분들이 많았습니다. 특히 약자를 위해서 의정활동을 열정적으로 하는 황대호 의원님 모습에 감동하였습니다. 바다는 1% 소금으로 신선함을 유지할 수 있다고 합니다. 젊고 활동적인 황대호 의원님 의정활동이 경기도를 공정사회로 한 걸음씩 변화시키고 있습니다.

국가와 사회는 돌봄이 필요한 모든 초등학생에 공적 돌봄을 지원해 아이를 함께 키워야 합니다. 교육부 돌봄 정책은 교육과 보육의 경계를 허물라는 정책입니다. 저의 희망 사항은 초등돌봄 보육 전담사들이 아이들의 보육에 집중할 수 있도록 행정 업무 시간과 동일임금, 동일노동이 이루어지길 바랍니다. 저는 멀리 있지만, 항상 황대호 의원님의 열정적인 의정활동을 지지하고 응원합니다.

내 삶의 철학 "같이 삽시다"

안녕하세요. 이렇게 메일로 인사드립니다. 돌아가신 아빠 관련 사건에 관심을 가지고 도와주셔서 정말 감사합니다.

의원님이 00교육장과 질의하면서 하셨던 말씀을 보면서 너무 큰 위로를 받았습니다. 유가족의 마음을 대변하여 잘못된 문제들을 짚어주시니 더욱 뭐라 감사드려야 할지 모르겠습니다. 돌아가시기 전에 의원님처럼 단 한 분이라도 아빠 말에 귀 기울여주셨더라면 이런 일이 없었을 텐데… 단 한 사람이라도 아빠께 도움의 손길을 뻗어줬다면 막을 수 있었을 텐데….

시간을 돌릴 수 없기에 가슴이 미어집니다.

여러 부분으로 신경 써주심에 머리 숙여 감사드리며 행정감사 때 아빠의 억울함을 풀어드릴 수 있도록 부디 도와주세요.

급식종사자의 열악한 현실을 대변하시면서 조리복까지 입고 열변

하시는 모습 정말 인상 깊었습니다. 현실에서 이렇게까지 국민을 위해 싸워주시는 의원님은 단 한 번도 본 적이 없습니다. 영화에서나 있을 법한 국민의 편에 서주시는 분이 현실에 있다는 게 너무 놀랍습니다.

그렇기에 제발 저희의 목소리를 더 들어주시길 간곡히 머리 숙여 부탁드립니다.

2021년 10월 28일 한 통의 메일이 왔다. 메일을 받고 한참을 멍한 상태로 책상에 앉아 있었다. 나는 가난한 집안에서 태어났다. 어린 시절 가난과 함께 살았다. 학교생활을 할 때도 나는 스스로 생활비를 벌어야 해서 대학 생활의 낭만이라고는 모르고 살았다. 어머니는 내가 다니는 초등학교에서 급식조리원으로 일하셨고, 한때 아버지는 포장마차에서 장사하셨다. 나는 군 복무할 때 독거노인들과 같이 생활했다. 내 주변에는 늘 어렵고 힘든 사람들이 많았다. 하지만 나는 부모님의 과분한 사랑을 받고 자랐다. 동네 어른들의 기대를 한 몸에 받고 살았다. 그분들과 같이 살아간다는 것은 너무나 당연한 삶의 태도였다. 그것이 내 삶의 철학이다.

나는 아버지를 잃은 여학생에게 아직 답장하지 못했다. 대신 2021년 행정사무 감사를 통해 여학생의 아버지가 열악한 노동환경을 개선해보려 애쓰다가 오히려 고립되고 따돌림과 갑질에 시달리다 안타깝게 유명을 달리하셨음을 알았다. 나는 고인의 명예를 회복해드리기 위하여 최선을 다했다. 그것이 국민의 대변인으로서 내가 해야 할 일이다.

명명백백히 밝힐 수 있도록 도와주세요..

시설관리직으로 정말 일을 너무 좋아하시고 즐기고 사랑하셨던 아빠입니다..
너무 자랑스러웠고 든든한 저의 버팀목이자 누구보다 다정하고 따뜻했던 아빠셨어요.
아빠가 가시는 길이 이렇게 억울하고 허망할 수는 없다고 생각합니다..
아직도 아빠가 돌아가셨다는 사실을 믿을 수 없고 문득 아빠께 전화를 걸려다가 아차 하곤 합니다...
아빠 없이 살아간다는게 정말 너무나도 막막하고 무섭습니다..

전국의 시설관리직 공무원들의 처우가 너무도 부당하고 열악하고 하대받는 경우가 많다는 것을
시설관리직 근무자, 각종 기사 댓글들 통해서도 알 수 있습니다.
아빠는 이런 폐쇄적인 문화와 시설관리직의 처우를 개선해보고자 더 열심히 노력하셨는데 이런 결과는 있을 수 없습니다...
보이는 폭력만이 폭력이 아닌 세상입니다...지금도 따돌림과 갑질에 시달리는 시설관리직 공무원들이 더 계실거라고 확신합니다..
두번, 세번의 피해자는 결코 막아야합니다..

황대호의원님 부디 억울한 국민의 목소리를 대변해서 유가족들이 남은 인생 하루라도 웃으며 살아갈 수 있게
마음속에서 아빠를 편히 보내드릴 수 있게 힘내어 싸워주세요.. 간곡히 부탁드립니다...
두서없이 긴 글 적었습니다. 읽어주셔서 감사합니다..

고인의 딸이 보내온 카톡 문자

나는 도의원으로서 마땅히 해야 할 일을 했을 뿐이다. 학교에서 일하는 시설관리직의 실상을 잘 알고 있는 나는 안타까운 일을 접하고 분통이 터졌다. 학교에서 일하시는 분들은 전부 교육자다. 똑같이 존중받아야 한다. 나는 2020년 11월 16일 행정사무감사에서 도내 학교 급식종사자들이 처한 열악한 근무 여건을 알리고 이들이 안전하고 개선된 환경에서 일할 수 있도록 급식실 노동환경과 복무 처우개선에 도 교육청이 적극적으로 나서줄 것을 촉구했다.

내가 조사한 바에 따르면 도내 학교 급식실의 2019년 산업재해 발생 건수는 338건에 이르렀다. 넘어짐, 미끄러짐과 같은 낙상 사고가 전체 급식실 산업재해의 20~30%를 차지할 만큼 심각한 상황이었다. 산업재해가 빈번한 상황 속에서도 급식종사자들이 사용한 연가는 연간 1.7일, 병가는 연간 3.6일에 그칠 정도로 열악한 처우를 받으며 업무 가중에 시달리고 있었다.

또 급식실 환경 점검 기준에 따라 후드 청소를 연 2회 위탁하여 실시하고는 있으나, 기존 횟수로는 점검 기준을 맞추기 어려워 급식조리원들이 직접 청소를 하다가 낙상 사고를 입는 경우가 많았다.

나는 그때 행정사무 감사에서 직접 급식조리원의 복장을 하고 나와서 이렇게 말했다.

> "노동 존중은 인간존중의 길입니다. 누군가의 노동 없이 우리 일상의 풍요로움은 존재하지 않습니다. 노동자들은 내 가족, 내 이웃이거나 누군가의 부모요, 자식입니다. 보여주기식이 아니라 진심을 담고 싶었습니다. 급식종사자분들도 비정규직분들도 모두 소중한 교육 가족이기 때문입니다."

주민을 지키는 마지막 수문장

사회적 약자들은 언제나 정책의 순위에서 제외된다. 난 그것이 옳지 않다고 생각한다. "그러다 너 떨어져", "그냥 지역구나 챙겨라", "지역구에서 보도블록 하나 까는 게 더 낫다"라고 경고하는 사람들도 있다. 물론 지역구를 챙기는 것은 중요하다. 하지만 도의원 본연의 의무나 책무가 사라지고 지역구에만 목을 매는 것은 옳지 않다. '주민을 지키는 마지막 수문장' 그것이 황대호가 생각하는 정치다. 나는 과분하게도 교육공무직과 비정규직 교육가족으로부터 감사패를 받은 적이 있다. 그때 그분들에게 말했다. 학생들이 우리의 미래다. 학생들을 가르치는 사람이 교사들만은 아니다.

"당연히 받으셔야 할 노동의 권리를 10년이 지나고서야 돌려드린 것뿐인데 감사패를 받을 자격이 있나 죄송스럽기만 합니다. 누군가의 노동 없이 우리 일상의 풍요로움은 존재하지 않습니다. 노동이 존중되는 정의로운 교육현장에서 우리나라의 미래들이 성장할 수 있도록 최선을 다하겠습니다."

재난은 공평하지 않다. 장기화된 코로나 상황으로 가장 힘들었던 사람들이 사회의 취약 계층, 사회적 약자들이다. 나는 당연히 그들을 위한 투쟁을 많이 했다. 예를 들면 경기도교육청의 비정규직 노동자들, 장애인, 사회 저소득층이다. 예산을 확보해서 고르게 정의롭게 분배하는 것이 도의원의 역할인데, 국가 정책의 보호를 받아야 할 사회적 약자나 취약 계층이 오히려 소외되는 것을 보았다. 똑같은 한 표가 아닌 것이다. 장애인들을 위한 특수학교가 있긴 하지만, 그것을 지역구라고 생각하지 않는다. 비정규직도 여전히 고용불안과 차별을 겪고 있고 목소리를 꾸준히 내지만 관철되지 않는다. 민노총이라든가 중앙 단위의 세력들이 계속 목소리를 내고 있지만, 지방으로 오면 자기 자리 보전과 기득권을 지키는 데 급급해 힘든 상황들이 많았다. 같은 교육 가족으로 일하고 같은 학교인데도 서열화가 되어 있고, 아직도 노동의 권리를 찾지 못하고 있는 현상이 많음에도 그런 상황을 뚫어내기 참 힘들고, 그런 노력을 하지 않고 있다.

경기교육가족 감사패사진

영어회화 전문강사, 스포츠강사, 학교체육공동체

"경기도교육청 안에 있는 비정규직 직군들에 대한 고용안정에 저는 최선을 다할 생각입니다. 운동부 지도자, 영어회화 전문강사 등 동일한 직무를 수행하면서도 직위 때문에 차별받는 사람들이 있거든요"

어디에든 행정의 사각지대가 있기 마련이다. 특히 똑같은 처지에 있으면서도 비정규직은 정규직보다 훨씬 많은 불이익을 당하고 있다. 학교의 비정규직 직군이 그런 경우이다. 나는 가장 낮은 곳으로 임하라는 가르침대로 할 일을 했다. 비정규직 교육공동체와 정담회를 개최하고 그들의 이야기에 귀를 기울였다. 해당 정담회에는 비정규직 교육공동체 직군인 영어회화 전문강사, 스포츠강사, 운동부 지도자들이 함께했다. 나는 직군별로 학교 근무 과정에서 겪고 있는 열악한 처우와 고용불안에 대한 의견을 청취했다.

스포츠강사들은 "서울과 인천의 경우, 시 교육청에서 스포츠강사들의 고용을 보장하기 위해 '채용공고를 낼 때부터 관내 학교에서 스포츠강사로 근무하고 있는 자'를 응시자격으로 한정함으로써 기존 근무자들의 재채용 가능성을 높이고 있으며, 초임 강사 채용을 위한 채용공고와 실질적으로 분리하여 운영함으로써 운영의 미를 살리고 있다"라며 "경기도에서도 채용과정 상의 차별을 받지 않도록 학교장이 아닌 도 교육청이 직접 강사를 선발하고 기존 강사들의 고용안정을 위해 서울과 인천과 같이 응시자격 요건을 변경해주길 바란다"라고 요청했다.

학교운동부 지도자들은 2016년 수립된 교육부의 추진계획에 따라서 전임코치로의 전환을 도 교육청이 적극적으로 이행해줄 것과 현재 교육공무직 단체협약 대상에서 제외되어 지급이 중단된 교통보조비 등을 처우 개선비 항목에 포함하여 지급해줄 것 등을 요청했다.

영어회화 전문강사들은 "기존 근무자들에 대한 채용절차를 기간제교사 채용과 같이 간소화해 반복되는 신규채용 공고로 인한 행정 낭비를 줄이고 기존 근무자들에 대해 교단에서 열심히 활동해온 노력을 인정받도록 고용의 계속성을 보장해야 한다" "휴직으로 인한 불이익을 우려해 암 투병 중인 사실을 숨기면서 근무하다가 사망하신 선생님도 있다"라고 호소했다.

사실 정담회에 모인 세 직군은 모두 교육공무직 단체협약의 대상에서 배제돼 있어 어느 직군보다도 처우개선이 시급한 실정이었다. 세 직군의 공통적 요청사항은 1. 채용절차 간소화를 통한 고용안정 2. 교육공무직에 준하는 휴가 및 휴직 사용 보장 3. 각종 수당 지급의 개선 등이었다. 이 내용은 지극히 상식적이고 보편적 인권에 해당하는 것이었다.

비정규직 응원 카톡 문구

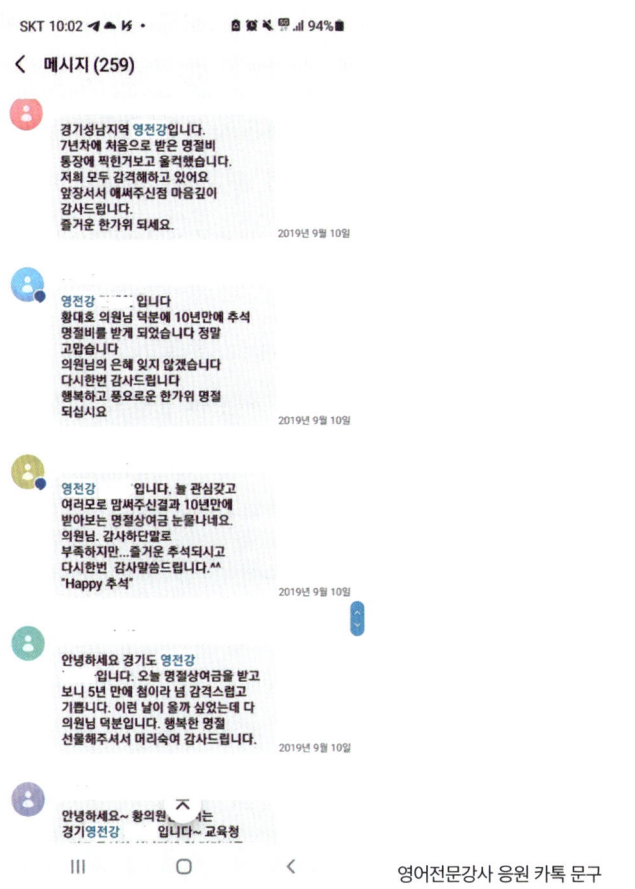

영어전문강사 응원 카톡 문구

나는 추석 명절비를 10년 만에 받게 돼 고맙다는 가슴 뭉클한 문자를 받고 여러 가지 생각이 교차했다. 정치를 왜 해야 하는가? 이 질문을 무겁게 다시 상기해야 했다. 답이 거기에 있다고 생각한다. 단 한 명의 학생이라도 포기하지 않는 것이 정의로운 교육의 실현이라고 한다. 한 명의 아이가 어른이 되는 것은 동네가 책임지고, 한 명의 학생이 어른이 되는 것은 학교가 책임진다. 교육개혁의 요체는 공교육의 정상화에 있다. 공교육 정상화는 학교공동체가 살아야만 가능한 것이다. 나는 학교공동체의 또 다른 일원인 체육지도자들에게 약속한 것을 반드시 지키겠다.

"경기도의회에서도 기간제법 시행령과 국민체육진흥법의 일부 내용 수정 및 삭제를 촉구하거나 경기도교육청 협약 및 관련 조례 발의를 통해서 운동부 지도자들의 무기계약전환과 학교체육공동체들의 교육환경개선을 위한 실질적인 노력을 진행하겠습니다. 경기도의 학교체육공동체 여러분! 우리 연대의 목적이 단순히 학교체육의 고용 안정화와 처우개선이 아닌, 대한민국 스포츠의 백년대계를 위한 첫걸음이며, 단 한 명의 학생이라도 포기하지 않은 정의로운 경기교육을 실현하는 것임을 잊지 말고 절대 포기하지 맙시다. 끝까지 함께하겠습니다."

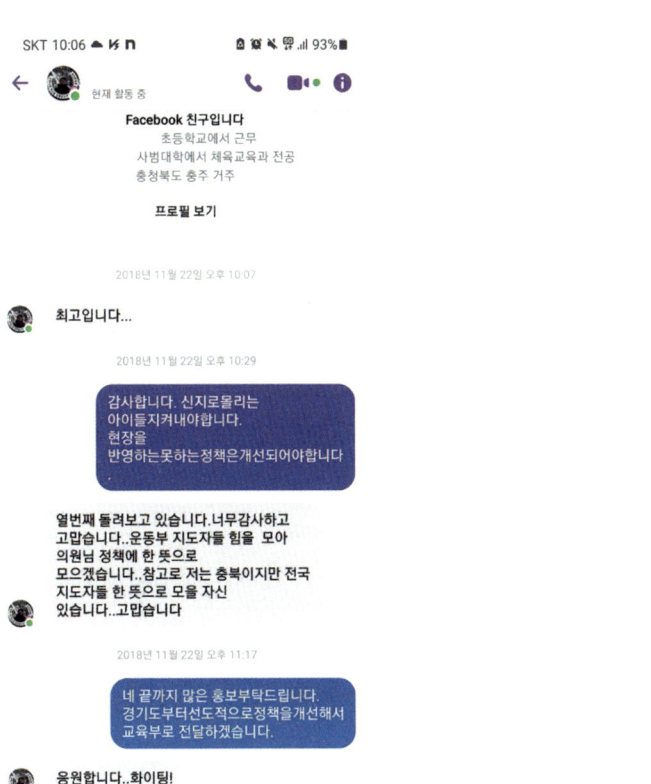

학교체육공동체 응원 카톡 문구

황대호를 만든 사람들 - 빅 타이거즈

황대호를 만든 사람들 – 빅 타이거즈

전영신 _ 수원시노사민정협의회

"사실 첫 만남은 정확히 기억하지 못하고요. 가장 뚜렷하게 기억하는 첫 만남을 말하자면, 2015년 여름인 듯합니다. 지인의 초대로 수원월드컵경기장 스카이박스에 수원 블루윙즈 축구 경기를 보러 간 적이 있어요. 그때 황대호 의원이 먼저 살갑게 다가와 인사를 했더랬죠. '누님, 저도 유시민 좋아합니다. 유시민 장관님 책 많이 읽었어요.' 이렇게 말했던 기억도 있고요. 그래서 저도 호감을 두고 대화를 이어갔고 '네가 앞으로 직업 정치를 할 생각이 있다면 응원할게' 라고 말했던 기억도 납니다. 이 만남이 계기가 되어 훗날 제가 황대호 의원의 '제1호 지지자'라는 별칭을 얻게 되었답니다."

'수원시노사민정협의회'를 아시나요?

안녕하세요. '수원시노사민정협의회'에서 8년 차 근무 중인 전영신이라고 합니다. '수원시노사민정협의회'를 간단히 말씀드리자면, 수원시 지역의 노·사·민·정의 4주체를 통해 지역의 사회적 대화를 주도하는 협치 기구입니다. 태어난 곳은 수원인데요, 어릴 때 잠시 살다가 가족들 따라 이사를 많이 다니다 보니 모두 타지에서 초·중·고·대를 졸업했습니다. 덕분에(?) 수원에서의 학연이 전혀 없네요. 학연, 지연, 혈연 중 학연만 없는 수원으로 다시 회귀한 건, 20대 후반인 2005년도입니다. 그때부터 쭉 수원에 애정을 붙이고 살고 있습니다.

평소 유시민 작가를 좋아하던 저는, 2010년에 있던 경기도지사 선거에서 유시민 후보 캠프 자원봉사를 하였고, 이를 계기로 수원 지역에서 정당 활동 및 여러 시민단체 활동을 시작하게 됐습니다. 유시민 작가로 인해 세상을 보는 눈이 넓어지고 보다 합리적이고 상식적인 사고를 하게 되었답니다. 그뿐 아니라 이러한 개인적 변화를 사회 속에서 실천하고 나누려는 활동을 하게 되었어요. 유시민 작가를 좋아하는 팬으로서 늘 '유빠'인 것이 자랑스럽습니다.

황대호 하면 생각나는 사건이 있다면?

대호와 수년을 알아 오며 여러 에피소드가 있겠지만요. 저는 '황대호'를 생각하면 '노민호'라는 사람이 딱 떠오르죠. 노민호 국장님은 대호의 정신적 지주이자 정치적 스승, 인생의 선배이자 울타리 같은 분이라 할 수 있으니까요. 노 국장님은 다방면으로 박식한 분입니다. 너무 박식해서 별명으로 노 박사로 불리기도 하니까요. 어쨌든, 그런 분께서 본인이 가진 좋은 지식을 지역 후배들에게 알려주고자, 어느 날! 문득! 인문학을 기반으로 한 공부 모임을 만들게 됩니다. 이름하여 '노민호 아카데미', 2017년 1기를 시작으로 현재까지 계속 이어져 오고 있는, 이제는 정말 자칭이 아닌 '명실상부한 수원의 사학 명문'이라 말하고 싶네요.

매년, 스승의 날을 앞두고 대호에게 전화가 걸려옵니다. "누나" 하면서 말이죠. "응, 그래. 대호야, 안녕!" "누나, 올해도 어김없이 스승의 날 행사를 진행합니다. 누나도 꼭 참석해 주세요!" "그래, 대호야. 내가 따로 도울 일은 없고?" "아뇨. 참석해 주시는 것만으로도 감사해요!" 우리의 대화는 늘 이렇습니다. 스승의 날, 대호는 항상 알찬 준비를 하고 우리는 대호가 깔아놓은 멍석에서 잘 놀고 옵니다. 사실, 사람들에게 일일이 참석 전화 돌리고 문자하는 일이 그리 쉬운 일은 아니거든요. 그런데 한 번을, 한 해를 안 건너뛰고 꾸준하게 주변 후배들과 함께 조용히 행사를 준비하는 모습을 보면서 '아, 이 친구, 참 괜찮다!'라는 생각을 했습니다. 그 생각은 지금도 마찬가지고요.

노민호 선생 스승의 날 행사

'청년 정치'란 무엇이라 생각하시나요?

대한민국 사회에서 언제부턴가 '청년'이라는 화두가 나타났습니다. 대학을 들어가서 겨우 졸업해도 학자금 대출로 허덕이고, 취업하기 위해 수많은 경쟁을 겪어야 하며, 결혼도 포기하고 살아가는 대한민국 청년들의 모습에, 세상이 눈을 돌리기 시작하면서 관심을 가졌죠. 이러한 계기가 청년들의 참여기회를 많이 만들어줘야 한다는 목소리로 연결되면서 정치권에도 청년 정치 돌풍이 일게 됩니다.

이전의 정치권은 '어르신들 세상'이었습니다. 국회의사당 평균 연령이 50~60인 판국이었습니다. 물론 지금도 크게 다르지는 않지만, 그래도 예전보다 조금 변화된 것이 있다면, 국회의사당에 20대 정치인이 생겼고, 지역의 시도의회에도 20~30대 정치인들이 활동하고 있다는 것입니다. 새로운 풍경이죠. 청년 정치의 돌풍이 갖고 온 긍정적인 변화입니다.

청년세대의 열정으로 청년의 문제를 좀 더 심층적으로 바라보는 시각, 그들의 고민을 정치로 풀어나가는 것이 청년들만의 정치가 아닐까 생각합니다. 다만, 청년만을 내세우며 청년이 마치 벼슬인 양 특권인 양 행동하는 것이 아니라, 기존 세대들과 함께 협심해서 그들만의 리그가 아닌 다 함께 어우러지는 협동의 건강한 정치를 만들어갈 때, 그것이야말로 진정한 청년 정치가 아닌가. 생각해봅니다.

최근에 주력하고 있는 활동은 어떤 것이 있는지?

11월 1일부터 '위드 코로나'를 맞으며, 작년부터 계속되는 코로나 19 상황으로 주춤했던 수원시 노사민정 사업으로 차츰 바빠지기 시작합니다. 정당 활동, 시민단체 활동 등은 요즘은 좀 쉬어가는 편이고요, 이러니저러니 해도 제가 다니는 직장이 우선이기 때문에 직장 생활에 주력하고 있습니다.

황대호 의원에게 기대하는 것이 있다면?

부모님의 소중한 아들, 한 여성의 멋진 남편, 귀여운 두 아이의 든든한 아빠인 황대호 의원! 매사 열심히 공부하는 도의원, 일 잘하는 도의원, 주변 도민들에게 칭찬 듣는 도의원!

우리 율전동 큰 호랑이 황대호 의원, 제 주변에서 황대호 의원 칭찬하는 분들 여럿 있습니다. 그럴 때마다 너무 자랑스럽고 뿌듯한 마음이 들어요. 너무 **훌륭**하게 잘하고 있어서 바라는 점이 없습니다. 굳이 덧붙이자면 간단하게 딱 한 마디만 할게요.

"대호야, 너의 초심을 항상 기억하고 앞으로 너의 꿈을 더 키울 기회가 있다면 주저 없이 진격하는 율전동 큰 호랑이를 기대해 본다. 난 너의 제1호 지지자로서 항상 너를 응원하는 누나가 될게!"

당당한 청년 정치의 꿈

 어느 날 나에게 손편지가 한 통 배달되었다. 참 오랜만에 받아보는 정겨운 손편지였다. 더 정겨운 것은 편지에 담긴 사연이었다. 특성화 고등학교에 다니는 이○○ 학생이 나를 만나보고 싶다는 내용이었다.

 이00 학생은 고등학교 학생회장이었다. 학생은 어렸을 때 태권도선수 생활을 하다가 잦은 부상으로 운동을 그만두고, 지금은 발명과에 진학해 발명하는 중이지만 흥미로운 것은 장래 꿈이 대통령이었다. 학생들은 대부분 초등학교 어린 시절에 잠깐 대통령이나 과학자, 연예인, 방송인 등을 꿈꾸지만 이○○ 학생은 서민적인 대통령의 모습에 감명받아 여전히 대통령이라는 정치의 꿈을 가지고 있었다. 내가 참석한 '청소년 노동인권 증진 관련 토론회'에서 우연히 나를 보게 되었고, 여기저기서 나에 대해 알아봤다는 것이다.

이00 학생은 내가 자신과 같이 운동선수였으며, 특성화고를 졸업하였고, 여러 가지 활동을 거쳐 정치인의 길을 걸어가고 있다는 점에서 나를 흥미롭게 지켜보았다. 학교 선생님들에게 "어떻게 하면 황대호 의원을 만나 뵐 수 있느냐?" 물었다. 이○○ 학생은 밤새 손편지를 써서 나에게 보냈고 나는 이○○ 학생과 뜻깊은 만남을 가졌다. 청년 정치를 지망하는 학생에게서 나는 오히려 많은 것을 배웠다. 지금 청년세대가 느끼는 현실은 참담하다. 이런 때 정치를 하겠다는 이○○ 학생에게 나는 무한한 동질감을 느꼈다. 다음은 언론과 나눈 인터뷰의 일부이다. 나의 생각을 비교적 담담하게 잘 정리했다.

언론 '청년 정치인'으로 의정활동을 하며 겪은 어려움이 있다면?
황대호 아무래도 나이에 따른 사회적 인식과 관련된 부분이다. 도정을 위한 소신 발언, 정책적 개선을 이끌어 가려 할 때 나이가 어리다는 이유로 공감대를 얻는 과정에서 어려움을 겪는 경우가 왕왕 있었다.
언론 정치 활동에 나서게 되면서 기성세대 정치그룹과의 세대적·문화적 차이를 가장 크게 절감한 부분은?
황대호 '다름'을 '틀림'으로 받아들이는 시각이 아닐까 싶다. 최근

'이준석 돌풍'에 대해 일부 기성세대는 일시적 열풍 정도로만 치부하는 경향이 있다. 나는 개인적으로 국민의 정치 혁신·교체·변화에 대한 갈망이 투영된 것이라 보는데, 일부 기성세대에 의해 이러한 현상이 다름이 아닌 틀림의 관점에서 일고의 고려 없이 무시되는 부분은 아쉽다.

언론 20·30대 청년층이 정치권에 바라는 모습은 무엇이라 보는가?

황대호 '공정, 정의, 삶과 꿈'이라고 본다. 오늘날 우리 사회에서 청년들은 미래가 없다고 느낀다. 아무리 노력해도 내 집 마련은 어렵고 기울어진 운동장에서 출발한 부의 격차가 학력 격차로, 결국은 취업을 비롯한 개인의 삶 전체에 영향을 미치고 있다. 청년들이 느끼는 박탈감을 그대로 인정하고 삶의 전 과정에서 공정과 정의에 기반한 사회적 프로세스가 회복될 수 있도록 만들어가야 할 것이다.

언론 내년 대통령선거와 지방선거에서 MZ세대가 미칠 영향력을 전망하자면?

황대호 MZ세대는 촛불혁명을 통해 스스로 목소리를 내고 직접 정치를 바꿀 수 있다는 것을 경험한 세대다. 따라서 청년 당원 또는 일반 MZ세대의 정치 참여는 앞으로 확대될 것이고, 젊은 정치인들의 출마도 더욱 활발해질 듯하다. 결론적으로 역량과 실력 있는 MZ세대 정치인들이 성숙의 과정을 거쳐 전면으로 나서기 시작했다는 것이 핵심이고, 청년층도 더욱 활발한 정치 참여로 내년 선거에서는 기성 정치보다는 정치 혁신을 화두로 큰 영향력을 미칠 것이다.

청년현실 풍자만화

　나는 청년 정치인이 되고자 하는 사람들에게 공통으로 하는 말이 있다. 청년이 기득권 세대에 핍박받고 보호받지 못하는 것에 한이 맺혀서 정치를 시작하려는 거라면 하지 말라고 말한다. 그걸 신경 쓰지 말라는 게 아니라, 그것이 정치의 동기가 되면 안 된다는 말이다. 그 문제는 꼭 청년들만 겪는 문제도 아니기 때문이다.

　청년들이 '나 정치하고 싶다'라고 내게 가끔 말한다. 그럼 나는 왜 하고 싶은 건지? 왜 선출직의원으로 출마하고 싶은 건지? 주민이 왜 널 지지해야 하는 건지? 그 지역을 위해 어떤 일을 할 계획이 있는 건지? 그런 부분들을 묻는다. 청년세대는 그런 고찰이 중요하다. 혐오, 갈등, 분노, 대립, 사회적 신뢰를 잃어버린 부정적 마음으로 정치를 하는 건 옳지 못하다.

내가 생각하는 청년 정치의 요체는 '희망의 정치'이기 때문이다.

새로운 미래에 대한 긍정의 정치를 하자

사람은 살아가다 보면 인생을 좌우하는 결정적인 전환점이 반드시 있다. 그 시점을 전후하여 사람은 많이 바뀌게 된다. 나도 물론 그런 전환점이 있다. 특히 내가 정치를 해야겠다고 결심하게 된 데에도 나만의 특별한 계기가 있다. 그 계기는 노무현 전 대통령과 세월호다.

노무현 대통령에게 인사를 드리러 가면 '깨어있는 시민의 조직된 힘'이라는 말이 가슴에 박힌다. 정치는 진정성이다. 나는 그렇게 생각한다. 바보 노무현은 나에게 신선한 충격을 줬다. 2002년 당시 나는 학생이었다. 그것은 한 편의 다큐였다. 그때는 노무현의 시대정신이 있었다. 낙선이 불 보듯 한데 노무현은 지역 구도

노무현 추도식

를 깨야 했다. 그래서 부산으로 내려가 떨어진다. 사람들이 '바보 노무현'이라는 네이밍을 붙이고, 처음으로 자발적 지지층이 되어 '노무현을 사랑하는 모임'(노사모)이 형성된다. 자발적 지지자를 만들고, 지지층은 기득권의 저항과 권력에 두려워하지 않는다. 지역 구도가 깨져나간다. 그게 정치지형을 바꿔나간다. 나는 거기서, 노무현 대통령에게서 배웠다.

'시대 과제 앞에서 물러서지 않겠다.'

나는 2018년 6월 18일 당선 후 첫 공식행사로 수원성교회에서 주최한 '세월호 유가족 초청 간담회'에 참여했다. 그리고 간절히 기도했다. 어떤 분들은 나에게 이런 질문을 한다. "아직도 세월호를 정치적으로 이용하는 거 아니냐?" "놀러 가다 사고로 죽은 아

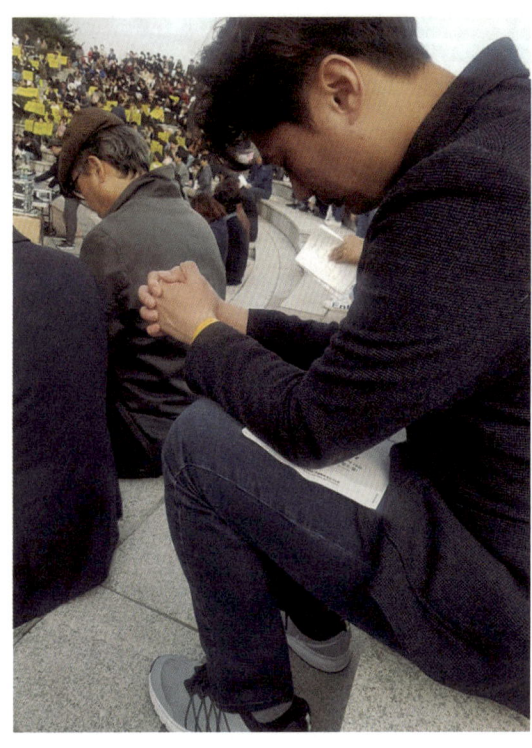

세월호 추모 예배

이들인데 돈 많이 받은 거 아니냐?" 세월호와 아이들을 기억해야 하는 이유는 명확하다. 세월호 참사의 과정에서 우리 사회의 모든 적폐와 악습이 고스란히 드러났기 때문이다. 국가와 어른들은 서로 책임을 회피하기 바빴고 부패한 언론과 적폐세력은 오히려 그것을 왜곡했다. 이것이 내가 정치를 하자고 마음먹은 두 번째 계기다. 다시는 제2의 세월호를 겪지 말아야 하기 때문이다. 나는 그것을 소명으로의 정치라고 부르고 싶다.

  청년을 대표해서 정치를 시작했지만, 청년 정치인이라고 해서 말로만 청년과 함께하겠다는 말은 상투적이다. 그런 말은 어떤 위로도 주지 못하고, 보여주기식일 뿐이다. 나는 정책과 예산, 의정활동으로 보여줄 것이다. 또 청년 정치인이니까 청년에 관한 활동만 해야 한다는 사고도 잘못됐다. 우리 청년세대가 온정적 시혜를 받는 보살핌의 세대가 아니다. 이준석이라는 36세 야당 대표가 나왔듯이 우리가 사회의 구성원으로서 사회를 이끌어가는 리더가 충분히 될 수 있다. 우리가 주도적으로 사회문제를 해결하고 사회의 성장을 주도하고 사회의 미래와 혁신을 주도할 수 있다고 본다. 그래서 자부심을 지니고 더 열심히, 치열하게 해야 한다는 것이 청년 정치에 대한 내 생각이다.

청년기본소득과 황대호

 나는 질문한다. 경기도의원 황대호와 이재명 전 경기도지사가 임기 동안 가장 잘한 것은 무엇일까? 나는 주저 없이 '청년 기본소득'이라고 말한다. 청년 기본소득과 이번 대선의 쟁점이 될 기본소득은 우리 사회의 전망과 관련하여 혁명적인 발상의 전환에 해당한다.
 청년 기본소득에 대한 만족도를 청년들에게 물어보면 거의 100%에 육박한다. 청년들한테 정말 왜 좋은지 이유를 물어보면 간단하다. 젖을 떼는 아이가 이행기, 분리기를 가질 때 너무나 불안해하니까 인형을 쥐여준다. 그런 심리적 이행기에는 그 이행기에 버팀목이 되어줄 만한 매개체가 있어야 하는데 청년 기본소득이 그런 역할을 하는 것이다. 사회적·경제적 첫 이행기를, 사회에 첫발을 내디딜 때 내가 혹은 취업이나 어떤 학력의 굴레에서,

어떤 경쟁 사회에서 앞이 안 보일 때 국가가 혹은 정부가 나를 위해서 이렇게 도움의 손길을 뻗는구나. 나도 이 돈을 받아서 자신의 삶을 스스로 설계할 수 있고, 자영업자든 소상공인이든 타인에게 선순환의 구조에 연대의 정신을 발휘할 수 있구나. 이런 공동체, 경기도민으로서의 소속감이 높아져서 좋았다고 대답했다.

그러나 우리는 청년 기본소득에 만족할 수는 없다. 한 발 더 나가야 한다.

'기본소득은 새로운 희망을 기획할 수 있는 권리다'라고 김민웅(전 경희대 교수)은 주장한다. 나도 그 의견에 동의한다. 기본소득은 국가의 재정정책이나 복지정책의 한 부분이 아니다. 시민적 기본권이다. 마치 스포츠가 국민의 기본권인 것처럼 기본소득은 국민이 최소한의 인간적 존엄을 유지할 수 있게 해주는 기본권이다.

신자유주의라는 이름의 지구적 자본주의가 초래한 것은 결국 극심한 불평등이다. 그러나 사실 잘 따져보면 불평등은 그 결과이다. 불평등의 고통에 시달리는 다수의 권리와 발언권이 무력화無力化되는 상황을 만들어야 소수 특권세력을 위한 체제를 지속시킬 수 있기 때문이다. 생존의 위협, 빈곤의 수렁은 자본의 명령체제에 복종할 수밖에 없는 다수를 존재하게 한다.

복지제도는 자본주의의 불평등 구조에 대한 투쟁의 산물인 동시에 자본주의가 자신을 정당화하기 위해 내놓은 전략적 차원의 방편이다. 그래서 우리의 사고는 복지제도의 발전에 머물러서는 안 된다. 그러나 복지를 소홀히 할 수도 없는 노릇이다. 이는 다수의 생존기반을 안정화하는 기반이기도 하기 때문이다. 바로 이 지점에서 우리는 하나의 중요한 질문을 던지게 된다. 복지제도의 한계를 넘어설 수 있는 기본적인 틀은 없겠는가?

그게 바로 기본소득이다. 기본소득은 소수 특권체제와 맞서는 힘이다. 시민적 기본권으로 이 권리를 만들어놓으면 생존권과 복지의 사탕을 가지고 자본의 권력이 다수의 삶을 농락할 수 없게 된다. 한마디로 "비빌 언덕"이 든든하면 눈치 보지 않고 정치적, 경제적 행위를 보다 적극적으로 펼칠 수 있다. 이는 민주주의의 비약적 발전과 함께 소수 특권세력의 독점적 권력질서를 허무는 중대한 발판이 될 수 있다.

이제 기본소득은 더는 미룰 수 없는 과제다. 새롭게 자신의 미래를 개척해나가야 할 청년만이 아니라 고령화되고 있는 사회에서 제2, 제3의 삶으로 진입하고 싶은 노년층에게도 기본소득은 너무나 절실한 기본권이다. 그리고 이러한 권리가 탄탄하게 만들어질 때 우리의 민주주의도 비약적 발전을 해낼 수 있다. 자본주의 폐단을 극복하고, 우리 사회가 좀 더 나은 미래로 나아가는 데 중요한 기반이 될 수 있을 것이다.

황대호와 함께 기본소득 세상을 열어갈 전환의 시대다.

2018년 경기도의원,경기도지사 당내경선 때 이재명 전 지사와 함께

황대호를 만든 사람들 – 빅 타이거즈

노민호 _ 한국지방분권협의회 공동실행위원장

황대호라는 사람을 알게 된 것은 2010년이지만, 처음부터 인사를 나누었거나 이름을 알고 지낸 사이는 아니다. 외모가 워낙 출중한 젊은이구나, 부럽네 정도의 인상을 받았던 것으로 기억한다. 그 당시 황대호 의원은 20대 중반의 새파란 청년이었다. 그런 나이임에도 염태영 수원시장 선거 과정에서 청년들의 패기를 열정적으로 보여주었다. 서로 대화를 많이 하지는 않았지만 '저런 청년이 있구나' 정도로만 알고 있었다.

황대호 의원과의 개인적인 인연은?

가장 특별한 에피소드는 내가 황 의원 결혼식 주례를 섰다는 사실이다. 다 믿을 수는 없지만, 황 의원 말에 따르면 그날 결혼식 주례사에 대해 장인어른이 자주 말씀하신다는 얘기를 몇 차례 전해주었다. 내 주례사의 요지는 이렇다. 설령 부부라 하더라도 서로 간에는 적당한 높이의 담장이 있어야 한다. 양가 부모 간에도 적절한 높이의 담장을 어떻게 유지하느냐 하는 것이 현명한 인생을 사는 아주 중요한 기준이 된다는 점을 꼭 유의해서 살아야 한다는 말을 해주었다.

'자치분권 국가'에 대한 본인의 생각은?

자치는 '스스로 하는 정치'라고 말할 수 있다. 자기 스스로 정치를 한다는 것은 결국 자기를 능동적이고 적극적으로 만든다는 뜻이다. 분권은 그러한 자치를 위해 집중된 권한을 분산한다는 의미다. 모든 권력은 감시하지 않으면 부패한다는 것은 동서고금의 진리다. 하지만 그 권력을 나누고 또 나누면 부패가 훨씬 줄어든다. 혼자 결정할 수 없으면 그것 자체가 부패를 막는 길이다. 그런 차원에서 분권 역시도 우리 사회의 중요한 과제다.

노민호 아카데미 수료식

최근에 주력하고 있는 활동은 어떤 것이 있는지?

두 가지 주제로 강의를 한다. 하나는 자치분권이고 또 하나가 기본소득인데, 자치분권을 주제로 강의 요청이 많다. 최근에 강조하는 내용은 주민자치를 왜 하는지, 무엇을 하려고 하는지를 핵심적으로 알리는 노력을 하고 있다. 너도나도 주민자치라고 하는데 왜 그래야 하는지를 잘 모른다. 그러니 적극적이지 않다. 또 뭘 해야 하는지도 잘 모른다. 이 두 가지가 정확히 세워져 있어야 자치 시대를 만들 수 있다.

황대호 의원에게 바라는 점이 있다면?

나는 황대호 의원이 지금까지의 교육(학교 스포츠) 활동을 넘어 더 큰 범위의 역할에도 다양한 관심을 가졌으면 한다. 2년 정도씩 상임위를 옮기면서 전반적인 면을 공부하는 것도 중요하다. 나는 더 젊은 사람들이 더 많이 정치현장에 들어오길 바라는 사람이다. 이왕에 황 의원이 들어왔으니 더 큰 자리를 맡을 수 있도록 준비하는 게 필요하다.

청소년 시기부터 지역의 정체성을 반영한 다양한 프로그램을 만들어서 미래 지도자를 양성하는 일에 대해 지역과 황 의원 모두 관심을 가지길 바란다. 가칭 '수원 호랑이'가 되었건 '수원 라이언 킹'이 되었건 간에 청소년을 미래 리더로 키우는 청소년 조직을 모든 학교에서 운영했으면 좋겠다.

이번 대선 과정에서 자기 생각과 활동력을 더욱 알리는 역할을 찾기를 기대한다. 수달이 수영을 잘하는 것처럼 정치인은 정치판에서 성장하기 때문이다.

경기도는 나의 소명

정치인은 세 부류가 있다. '기술자', '평론가', '소명으로 정치하는 사람'이 그것다. '기술자'는 정치를 공학이라고 생각한다. 정치 공학에는 많은 기술이 필요하다. 기술자에게 유권자는 단지 마케팅의 대상이고 고객에 불과하다. '평론가'는 왜 정치를 하는지 모르겠다. 정치인은 기본적으로 평론가가 아니라 필드에서 뛰는 선수여야 한다. 평론가는 학교에서 학생을 가르치는 것이 어울린다. 나는 '소명으로 정치하는 사람'이 되고 싶다. 성과를 내는 정치인을 원한다. 소명의식과 더불어 철저한 책임의식으로 결과를 내는 정치인 말이다.

내가 도의원부터 도전한 이유는 명확했다. 첫 번째로 광역단체에서 다룰 수 있는 게 교육이었기 때문이다. 나는 교육개혁이 국가적 과제의 첫 번째라고 보았다. 두 번째로 자치분권의 시대이기 때문이다. 자치분권이야말로 교육을 포함한 국가적 과제가 풀려가는 핵심고리라고 보았다. 그리고 자치분권을 가장 치열하게 쟁취할 수 있는 곳이 경기도의회였다. 세 번째로 우리나라 접경지역의 절반이 경기도이기 때문이다. 남북평화통일의 실질적인 징검돌 놓는 일을 경기도가 선도적으로 할 수 있다고 보았다. 나는 좀 더 큰 소명으로의 정치를 하고 싶었다.

시, 군 의회와 경기도의회는 체감 자체가 다르다. 시, 군 의회가 나쁘다, 잘못됐다는 것이 아니다. 경기도의회는 31개시군의 수장으로서 중앙정부의 기득권으로부터 많은 혁신을 주도하고 있다. 주민의 일이라면 적극적으로 의정활동, 입법 활동을 많이 해야 한다. 그러려면 인간에 대한 이해, 정치에 대한 이해가 풍성해야 하는데, 정치에 대한 확신이 없으면 할 수 없는 것이 경기도 의원이고 정치다.

나의 정치를 실현하기에 경기도의회만 한 곳이 없었다. 경기도는 나의 운명이다. 경기도는 철저하게 도민과 민생에 대해 상호보충성의 원칙에 따라서 도민 삶에 가장 밀접한 법을 만드는 곳이다. 투쟁도 가장 많이 하고, 사회 부조리와 현장에 맞지 않는 행정에 있어서 가장 강력하게 최전선이 되는 곳이다. 시, 군들이 경기도의 조례를 본따 많이 만들고 있다. 꼭 상위법이 아니라 상위법에 저촉되지 않는 선이라면, 선험적으로 경기도에서 조례들을 만들어나가고 있고, 국회에 우리의 다양한 활동상을 알리고 있다.

많은 정치인이 '이 더러운 정치 바꾸고 싶어서 입문했다'라고 말하는데, 그건 구시대적 발상이라고 생각한다. '정치를 통한 성취와 확신'이 필수적이다. 정치한다고 말할 때는 왜 정치인지, 자신의 경험을 통해 무엇을 확신하는지가 분명히 있어야 한다. 정치를 하겠다는 내게는 그런 책임감 있는 자리가 경기도 의원이었고, 그곳에서 우리 세대에 대한 소명으로의 정치를 펼치리라고 다짐했다.

정당에 대한 이해가 없는 정치인은 알맹이 없는 정치인이라고 생각한다. 민주주의를 파괴하는 세력이 정치를 무력화시킬 때 쓰는 방법이 정치에 대한 혐오, 정당에 대한 혐오를 부추기는 것이다. 모 재벌 회장들이 예전에 청문회에 나와서 우리 정치는 삼류, 사류 정도 된다고 비하했다. 많은 기득권과 부패 언론과 재벌에 기생하는 사람들이 정치 혐오를 양산해 국민을 정치로부터 멀어지게 했다. 가장 이득을 보는 집단은 거대 자본가와 기득권, 언론과 유착된 세력들이다. 나는 정치 혐오를 조장하여 민주주의 정치에서 멀어지게 한 세력의 속셈을 간파하는 정당과 가까워져야 한다고 본다. 민주주의를 파괴하는 세력을 물리치는 마음으로 민생정치를 해야 한다고 본다.

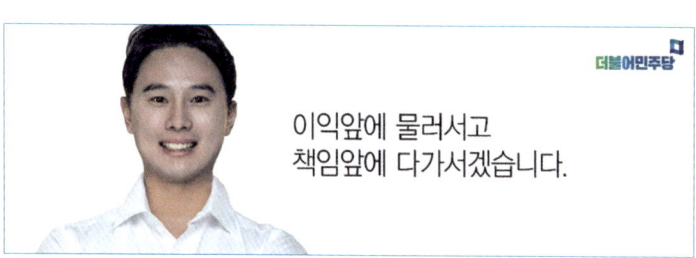

황대호 좌우명

시대 과제에 절대 물러서지 않겠다.

    정치인의 최고 덕목은 책임이라고 나는 생각한다. 우리나라 국민의 정치인에 대한 신뢰도가 처음 만난 사람에 대한 신뢰도보다도 낮다고 한다. 부끄러운 현실이다. 왜 이리도 정치인들은 국민의 신뢰를 받지 못할까? 내가 항상 대전제로 깔고 있는 것은 국민에게 신뢰를 얻을 수 있는 정치를 하자는 것이다.
    그런데 어떻게 신뢰를 받을 수 있는가? 가장 중요한 덕목은 결국 책임이다. 자신의 약속에 책임을 지는 것이고 국민의 삶과 기본권을 책임지는 것이다. 국민이 내게 준 권한에 부응해야 한다.

내가 항상 강조하는 슬로건이 있다. **'이익 앞에 물러서고, 책임 앞에 다가서자'**, **'다음 대선이 아닌, 다음 세대를 위한 정치를 하자'** 이렇게 진정성으로 다가가야 국민에게 신뢰를 되찾을 수 있다.

내가 노무현의 정치 행보에 큰 감명을 받았던 이유는 질 싸움에 계속 나서고, 내 표밭이 아닌 지역에 기꺼이 간 점이다. 그게 그분의 소명이었다. 그래서 사람들이 바보 노무현이라는 별명을 붙여준 게 아닌가. 내가 나아가야 할 지점은, 시대 과제에 절대 물러서지 않겠다는 것이다. 노무현에게는 '지역 차별 해소'라는 시대정신이 있었다. 노무현은 결코 시대 과제에서 한 발도 물러서지 않았다.

『공정하고 정의로운 사회, 생명을 보호하고 존중하는 안전한 사회, 포용적 복지국가를 구현하는 통합된 사회, 혁신성장과 포용적 성장으로 번영하는 사회를 추구하며, 한반도 평화의 새 시대를 실현하는 대한민국 건설을 목적으로 한다.』

더불어민주당 당헌 제2조 창당 목적이다. 여기에 나의 시대 과제가 그대로 녹아 있다.

한마디로 나의 시대 과제는 '대한민국 대전환'이다.

거대한 전환적 위기가 몰려오고 있다. 밖으로는 기후위기에 따른 에너지대전환, 기술혁명에 따른 디지털전환, 그리고 주기적

노무현 추모식

팬데믹이 우리를 위협한다. 안으로는 누적된 불공정과 불평등, 불균형과 구조적 저성장의 악순환이 갈등과 균열을 격화시키고 있다.

  이 위기를 슬기롭게 극복하지 못한다면 정부 수립 이후 지난 70여 년간 쌓아 올린 모든 성취가 한순간에 물거품이 될 수도 있다. 우리가 할 일은 분명하다. 전환적 위기를 견뎌내는 것을 넘어 도약의 기회로 바꿔야 한다. 이번 기회에 대한민국을 질적으로 다른 도약과 발전의 시대로 이끌어야 한다. 나 또한 결코 시대 과제에서 한 발도 물러서지 않겠다.

  내 이름이 '대호'다 보니 내 상징은 '호랑이'다. 호랑이는 일반적으로 '군림하다' '굉장히 무서운 존재' '동물의 왕'이라는 이미지를 가지고 있다. 국민 위에 군림하는 왕이라는 상징은 우리 시대 정신과 맞지 않는다.

그러나 내가 상징하는 호랑이는 그런 호랑이가 아니다. 나라의 주체성과 상징을 지켜내는 큰 호랑이(대호)다. 주민의 삶을 든든하게 지켜내는 수호신으로서의 큰 호랑이(대호)다. 선수 시절 나의 포지션은 골키퍼였다. 온몸을 던져서 골을 막아내는 것이 골키퍼의 숙명이다. 자신의 몸을 던지지 않으면 골키퍼는 골을 막을 수가 없다. 나는 온몸을 던져 불공정과 적폐로부터 도민을 지켜내고 싶다, 도민에게 감동을 주는 정치를 하고 싶다. 그런 의미에서 나는 민족과 국민을 지키는 수문장으로서 큰 호랑이 (대호)다.

자치분권형 국가

내가 생각하는 시대 과제를 실현하고 정의롭고 공정한 세상을 만드는 현실적인 국가 정책은 무엇일까? 그것은 '자치분권형 국가'의 실현이다. 이것은 현재 헌법에서는 불가능하다. 따라서 자치분권형 개헌이 필요한 사항이다. 그러나 개헌 전에도 가능한 지방자치는 즉각 시행되어야 한다.

주권재민은 국민이 주권을 갖는 민주주의의 기본 원리다. 이 것이 작동하는 제도가 지방자치다. 민주주의에선 주권자가 신민이 아니다. 백성이 곧 하늘이다. 오래도록 군사정부는 분단을 빌미로 강압적 중앙집권을 강화했다. 민선 시대로 넘어와서도 국가 운영 원리가 바뀌지 않았다. 중앙집중화된 국가체제의 틀에 갇혀 시민권도, 지방자치와 분권도 활성화되지 못했다. 서울 중심의 역사, 수도권으로 편중된 중앙집중국가가 600년째 이어져 내려오고 있다. 이제 진짜 달라져야 한다.

국민주권 시대에 국민의 요구, 다양한 지역적 요구를 수렴하려면 중앙집권 방식으로는 불가능하다. 국가 시책과 지역의 특수성이 얼마든지 다를 수 있으니 중앙정부는 지역의 창의성과 특수성을 담을 수 있도록 지방정부를 지원해야 한다. 그게 자치분권의 핵심이다. 현행 헌법상 지방정부는 없다. 지방자치 '단체'만 있을 뿐이다. 현행 헌법이 마련되던 1987년에는 지방자치라는 개념이 없었던 데다 대통령 직선제에 몰입할 수밖에 없는 상황이어서 그렇다. 실질적인 지방분권이 이뤄지려면 자치 입법권, 자치 재정권, 자치 조직권이 담겨야 한다.

궁극적으로 자치분권형 국가, 그리고 사회적 신뢰를 회복할 수 있는 국가를 만드는 데 일조하는 것이 나의 꿈이다. 자치분권형 국가를 위해서 단기적으로는 연방제 수준의 내 고장, 내 도시를 만드는 게 목표다. 이것이 수도권 쏠림, 지방소멸 등의 문제를 해결해 줄 수 있을 것이라 믿는다. 우선 수원시부터 시작하자. 정말 살기 좋고 미래적이고 혁신적인 도시, '수원특례시'를 만들고 싶다. 그런 지향점을 향해 나가면 좋겠다.

지방분권개헌 캠페인 사진

2

황대호,
축구화 끈을 묶다

나는 경기도 수원시 율전동에서 태어나 성장했다.
어릴 적, 동네 어른들은 나를 볼 때마다
"저놈 대호는 뭐가 돼도 될 놈이지"라고 말했다.
나는 동네 어른들의 기대대로 됐다.
지위가 커진 것이 아니라 번듯하게 컸다고 자부한다.
하지만 나는 스스로 큰 것이 아니다.
동네가 나를 키웠다.

맨땅에 삼백 번 넘어진 숙명

"잡자."

"잡자."

가을이 깊어가는 하늘에 목쉰 함성이 연신 울려 퍼졌다. 텅 빈 운동장에 아무도 없었다. 나는 혼자 오체투지로 부처님에게 절을 하듯이 연신 땅바닥에 슬라이딩했다. 오늘 시합에서 어이없는 실수로 골을 먹었다. 자신을 용서할 수 없었다. 선수들은 모처럼 집에 돌아가고 합숙소도 텅 비었다. 코치도 감독님도 떠났다.

"잡자."

"잡자."

벌써 유니폼은 땀범벅이 되었고 얼굴은 먼지투성이가 되었다. 그래도 나는 계속 맨땅에 넘어지고 또 일어났다. 내 손에는 축구공이 들려 있었다.

축구선수 시절 선수들과 함께

　축구선수 시절 골키퍼로 훈련할 때 훈련 자체는 너무나 힘들었다. 그 시절 잔디 구장은 없었다. 맨땅구장이었다. 아픔을 달고 살았다. 어깨, 허리를 많이 다쳤다. 굉장히 무식하게 훈련을 했다. 유도 선수들이 낙법훈련을 하듯이 골키퍼는 세이빙(다이빙) 연습을 했다. 맨땅에 몸을 날려야 했다. 땅에 닿는 순서대로 어깨가, 허리가, 무릎이, 엉덩이가, 살이 쓸리고 피가 나고 뭉개지고 뼈가 부러졌다. 그리고 서서히 아물었다. 그렇게 반복했다. 하루에 운동장 다섯 바퀴를 돌았고 평균 삼백 번 쓰러졌다. 몸이 허공에 '붕' 날랐다 땅에 고꾸라지는 연습을 평균 삼백 번 정도 했다. 그게 누적되면 허벅지 골반 팔꿈치까지 살점이 떨어진다. 허리 어깨는 남아나지 않는다. 왼쪽 어깨에 회전근개가 망가져 쇠로 박아놓았다. 나중에 장애판정까지 받았다. 하지만 이 아픔들은 나를 단단하게 만들었다.

축구선수가 된 것은 어쩌면 내 운명일 것이다. 내 의지와 상관없이 나는 축구를 좋아하게 됐다. 달리 설명할 방법이 없다. 축구선수 중에서 골키퍼를 하게 된 것도 나는 운명이라고 생각한다. 이것도 달리 이유를 설명할 방법이 없기 때문이다. 열한 명의 선수 중에서 골키퍼는 특별한 존재였다. 드러나지 않는 포지션, 그것은 골키퍼의 숙명이었다. 그것을 받아들이지 못하면 골키퍼는 존재할 수 없다.

골키퍼는 온몸을 던져 자신이 빛나기보다 팀을 도와야 한다. 골키퍼는 묵묵히 팀의 승리를 위해 헌신한다. 열 골을 잘 막다가도 한 골을 잘 못 막으면 질타를 받는다. 죄인이 되는 것이다. 골키퍼는 주목받는 존재가 아니다. 우승컵을 들어 올릴 때도 골키퍼의 몫은 아니다. 주목받지 않지만 팀에 절대적으로 필요한 존재가 골키퍼다. 어쩌면 내가 생각하는 인생의 포지션이었는지도 모른다. 그래서 축구도 정치도 내 운명이다.

나는 늘 부담감을 안고 살았다. 나는 마지막 수문장이기 때문이다. 나는 아직도 그날의 악몽을 꾸곤 한다. 아마도 백암종합고등학교 1학년 때일 것이다. 1학년만으로 팀을 구성하여 대회에 나갔다. 제주도 백록기 전국대회였다. 우리는 8강까지 올라갔다. 단숨에 우승 후보로 거론되었다.

그날이 8강이었다. 상대 팀은 훗날 국가대표로 이름 날리던 형들이 많은 안동고였다. 그래도 우리는 이길 자신이 있었다. 그러나 상대는 생각보다 월등했고 날아오는 강력한 슛팅들을 제대로 처리하지 못했다. 그것이 상대 팀의 우승골이 되었다. 내 실수였다. 그렇게 경기를 놓치고 말았다. 골망이 출렁거렸다. 공이 데구루루 굴렀다. 땅바닥에 누워서 본 하늘이 노랬다. 그대로 죽고 싶었다. 하지만 나는 무너지지 않았다. 그날의 패배는 나를 더욱 단련시켰다.

나는 늘 넘어져야 하는 선수였다. 넘어졌다 일어서는 걸 반복하는 것이 훈련이고 일상이었다. 과학적이고 체계적이지 않았던 시절이었다. 맨땅에 삼백 번 넘어지면서 운동 연습을 묵묵히 했다. 어쩌면 나는 그때부터 내 인생을 예고했는지도 모른다. 나의 이름은 대호다. 큰 호랑이인 것이다. 아버지는 어떤 이유로 나에게 그런 이름을 지어주셨을까? 나는 그 이유를 잘 알지 못한다. 최민식 배우가 주인공으로 나오는 '대호'라는 영화를 본 적이 있다. 나는 그 영화를 보고 나오면서 그런 생각을 했다.

영화 대호 포스터와 황대호

 '나는 무서운 호랑이가 아니라, 맹수의 왕이 아니라, 민초를 지키고 나라를 지키는 호랑이라면 좋겠다.'
 나라와 민초를 묵묵히 지키는 그런 호랑이, 그런 수문장 말이다.

국제시장 황영선

2014년 개봉하여 크게 히트한 '국제시장'이라는 영화가 있다. 1950년대 한국전쟁 이후부터 현재에 이르기까지 격변의 시대를 관통하며 살아온 우리 시대 아버지의 이야기를 다룬 영화다. 그 영화에서 '덕수'(황정민 분)역이 내 아버지의 삶과 판박이다. 아버지(황영선)는 1948년생으로 고향은 경기도 파주다. 삼 형제 중 둘째로 태어났다. 그 당시 대부분의 시골 가족이 그렇듯 아버지는 형님에게 모든 것을 양보하고 일찍부터 가족 돌보는 일에 나섰다. 실질적으로 집안의 가장 역할을 도맡았다.

아버지는 돈 벌기 위해 월남전에 참전했다. 월남에 다녀온 뒤에도 또 돈 벌러 중동(요르단)에 나갔다. 요르단에서 건설기계 운전하는 일을 했다. 아버지 월급은 꼬박꼬박 시골집에 부쳐졌다.

아버지가 우리나라에 돌아와 가정을 꾸리려고 할 때 수중에 남아 있는 돈이 거의 없었다. 거기에 아버지는 베트남전쟁에서 고엽제로 폐가 안 좋아졌고 국가유공자가 됐지만 50대 이후부터는 폐기종 병세가 악화되어 고생을 많이 했다.

아버지를 따라간 예비군 훈련장에서

부모님 결혼식 사진

아버지는 늦깎이로 32세에 어머니와 결혼했다. 어머니(이배희)는 1956년생으로 아버지와 무려 8살 차이가 났다. 파주에서 결혼하고 일산에서 신혼살림을 차렸다가 5년 후에 수원으로 이사해 율전동에 자리를 잡았다. 그렇게 해서 내 고향은 수원 율전동이 되었다. 아버지는 어머니와 중매로 결혼했는데, 어머니 집안은 굉장히 부유했다. 외조부는 면장으로 재직 중이었는데, 그 당시만 해도 보기 어려운 대졸 출신 공직자셨다. 지금도 기억나는 게 외갓집은 ㄷ자 형태의 전형적인 한옥구조의 양반집이었다. 사랑채도 있었고 행랑채도 따로 있을 정도로 부유한 집안이었다. 외가에서 어머니는 다섯 남매의 둘째였다. 외가쪽 사람들은 모두 부유하고 한 자리씩 하는 사람들이다. 외조부에게 어머니와 아버지는 늘 아픈 손가락이 되었다. 그러나 외조부는 돌아가시기 전에 유언처럼 말씀하셨다. 사위의 성실함과 정직함을 칭찬했다.

내가 태어나던 날

아버지 나이 38살이었다. 결혼한 지 6년 만에 나를 낳았다. 그 당시 어머니는 출산할 수 있는 몸 상태가 아니었다. '혈소판감소증'을 앓고 계셨다. 혈액 내에 존재하는 세포의 일종인 혈소판은 혈관에 손상이 발생하여 출혈이 나타났을 때 혈액을 응고해 출혈을 막는 역할을 한다. 그런데 혈소판감소증이 있다 보니 어머니가 나를 낳을 때 피가 안 멈췄다. 산모가 무척 위험한 상황이었다.

어머니는 아이 낳기를 고집했다. 결혼 후 6년 동안 아이가 들어서지 않았다. 어머니는 용하다는 점집을 전부 다니면서 치성을 드렸다. 우연한 계기로 신앙을 갖게 되고 기적처럼 3개월 만에 태몽으로 얻은 아이였다. 어머니는 나의 출산을 숙명으로 받아들였다. 응급실을 두 번이나 옮기고 결국 한양대학교 응급실에 들어가서 출산했다. 아버지는 산모가 죽을 수도 있다는 수술동의서에

사인한 뒤 무사하기를 기도할 수밖에 없었다.

어머니의 믿음이 나를 살렸다. 그러나 어머니의 믿음은 나 하나로 끝이었다. 4년 뒤 동생이 생겼는데 몸 상태가 너무 나빠 동생을 낳지 못했고 유산이 되었다. 나는 외동아들이 되었다. 내 종교는 기독교인데 어머니에게 물려받은 모태신앙이다. 어려서 세례를 받았다. 내 성장의 큰 카테고리 중 하나가 바로 교회다.

아버지가 목말 태워 주시던 동네 길

동네가 키운 아이

나는 경기도 수원시 율전동에서 태어나 자라고 성장했다. 어릴 적, 동네 어른들은 나를 볼 때마다 "저놈 대호는 뭐가 돼도 될 놈이지"라고 말했다. 나는 동네 어른들의 기대대로 됐다. 지위가 커진 것이 아니라 번듯하게 컸다고 자부한다. 하지만 나는 스스로 큰 것이 아니다. 동네가 키웠다.

내가 동네 어른들에게 신임을 얻은 것은 순전히 아버지와 어머니 때문이다. 아버지와 어머니에 대한 신뢰가 나에 대한 신뢰와 호감으로 이어진 것이다. 아버지는 동네에서 소소한 일을 조금씩 했다. 순탄치는 않았다. 아버지는 성균관대역 광장에서 포장마차 일도 했다. 율전동에서만 이사를 열다섯 번은 다녔다.

반지하에서 살 때는 사람들의 발소리가 무서웠던 기억이 난다. 밤이 되면 공포가 찾아왔다. 마치 '기생충' 영화의 반지하 방 같은 곳처럼 취객이 우리 집 창문에 소변을 보기도 했고 토악질을 하고 가기도 했다. 그때마다 나는 어머니 품속으로 들어가 잠을 청해야 했다.

웅변대회 사진

 그렇게 힘든 시절이었지만 사랑에 대한 결핍을 느껴본 적은 없었다. 율전동이 지금이야 부자 동네가 되었지만, 예전에는 시골이었다. 밤밭골이라 불렸다. 영화 속 동막골처럼 그때 시골 정서가 많았는데, 눈 오면 이웃 사람들이 나와 골목길 눈을 쓸었고 누군가 시집 장가라도 갈라치면 동네에서 잔치하고 서로 나누는 정이 살아있는 동네였다. 아버지 주변에는 항상 사람들이 많았다. 아버지는 늘 나누려고 했다. 그러다 보니 나는 동네에 이모 삼촌들이 많았다. 아버지가 주변에 베푸느라 포장마차에서 안 얻어먹은 사람이 없을 정도였다. 포장마차는 늘 적자였다. 외상 긋는 사람은 많았고 외상값은 잘 받지 못했다. 그래도 아버지는 '허허' 웃었다. 시쳇말로 사람 좋은 황 씨였다.

어머니도 마찬가지였다. 교회에서 우리 집에 심방을 올 때면 항상 사람들에게 나누는 것이 일상이었다. 낮에는 지나가는 우체부를 집에 불러 같이 식사하는 것이 다반사였다. 지금도 두 분이 사는 집은 동네 어른들의 사랑방이다. 나는 그런 아버지와 어머니 밑에서 가난했지만 유복하게 자랐다. 그것이 내 자산이 되고 철학의 바탕이 되었다고 생각한다.

아버지는 무척 성실했다. 늘 아침 일찍 일어나 식사하고 출근하는 모습을 보여주셨다. 내가 기억하는 아버지는 항상 가정에 헌신하는 모습이었다. 어린 시절, 나는 아버지의 목말을 타고 동네 한 바퀴 도는 것이 그렇게 좋을 수가 없었다. 나는 동네로부터 받은 사랑이 많아 어른이 되면 뭔가 돌려드려야 한다는 생각을 자연스럽게 갖게 됐다.

부끄러운 추억도 있다. 어머니는 내가 다니는 율전초등학교 급식조리원으로 일했다. 나는 창피하여 학교에서 어머니를 모른 척했다. 어머니도 그런 나를 일부러 모른척했다. 내가 부끄러울

초등학교 졸업식

까 봐 같은 학교이면서도 눈에 안 띄게 피해 다녔다. 내가 급식실에 들어가면 어머니는 배식을 못하고 슬슬 등을 돌렸다. 지금 생각해보면 그런 내가 부끄럽다. 참 가슴 아픈 일이다. 어머니는 조리실에서 남은 음식을 싸 와서 저녁에 아들에게 먹였다. 나는 또 모른 척하고 잘 먹었다. 어머니가 챙겨오는 것은 아들이 특별히 좋아하는 통닭, 전 같은 음식이었다.

내가 초등학교 다닐 때였다. 어머니가 점심 도시락을 싸서 학교에 가져왔다. 아침에 도시락을 싸 가면 밥이 식을까 봐 점심시간에 맞춰 학교로 따뜻한 밥 배달을 왔다. 어려운 형편이었는데도 아들은 잘 먹였다. 수원에 '파라솔' 돈까스 가게가 있었다. 그 당시 동네에서 유명한 돈까스 가게였다. 어머니는 거기에 데려가서 나 혼자만 사 먹였다.

사장님은 가난한 어머니 사정을 잘 알았다. 1인분만 시키면 작은 돈까스를 하나 더 얹어주고, 크림 수프도 꼭 두 그릇 줬다. 그렇게 어머니와 나는 1인분 시켜서 둘이 나눠 먹었다. 그때는 알지 못했지만 지금 생각해보면 그것은 어머니가 동네에 쌓은 덕이었다.

요즘도 나는 어디든 식당에 가서 맛있는 음식이 남으면 싸 와서 어머니를 챙긴다. 하나도 창피하게 생각하지 않는다. 어머니가 남은 음식을 싸 와서 나를 먹였듯이 나 또한 어쩌면 집안 내

력처럼 당연하게 생각한다. 아버지는 치킨을 싫어한다고 말했다. 그래서 아무 때나 치킨을 시킨 적이 없었다. 어린 시절 내가 상 타오는 날이면 그날은 꼭 페리카나 치킨을 먹는 날이었다. 통닭 한 마리를 시켰고 당연한 듯 나 혼자만 먹었다. 어머니 아버지라고 그 통닭이 먹고 싶지 않았을까? 참 철없는 아들이었다.

웅변대회 상장

축구는 나의 운명

 허정무 축구센터는 지금의 용인축구센터의 전신이다. 나는 허정무 축구센터 창단 멤버 중 하나다. 허정무 축구센터는 처음으로 만들어진 축구센터였기 때문에 방송에서도 떠들썩했고 우리나라에 온 국민의 관심을 받았다. 허정무 축구센터가 그냥 말만 앞서는 그런 게 아니라 허정무 감독님이 직접 선수들을 지도했다. 당시 쟁쟁하던 코치진(정해성, 박항서, 김현태 골키퍼 코치 등)들이 실제로 가르쳤다. 나의 포지션은 계속 골키퍼였다. 나는 용인에 있는 백암종합고교에 축구선수로 진학했다. 그러다 허정무 감독님이 전남 드래곤즈 감독으로 갔는데, 주변 사람들과 상의해보니 그래도 연고가 있는 곳에서 뛰는 게 좋을 것 같다고 해서 고2 때 수원공고로 전학했다.

율전중 축구부 선수 시절

수원공고는 프로 팀 '수원 삼성'의 유스 팀이었다. 당시 입지가 대단했다. 수원공고와 비견할 만한 고등학교 팀이 딱히 없었다. 박지성 선수가 내 수원공고 선배다. 나보다 5~6년 선배이고 내가 선수 생활할 때 학교에 자주 왔다. 박지성 선수의 이름을 딴 지성관이라는 기숙사에서 합숙했다.

돌이켜보면 축구선수로서 가장 기억에 남는 시기는 중3~고1 때였다. 고1 때는 고등학교 1학년생으로만 팀을 꾸려서 전국대회 때 제주도 백록기 대회에 8강까지 갔다. 같이 활동했던 동기 중에 가장 지명도 있는 사람은 이현승 선수다. 수원공고 직속 후배다. 미드필더이면서 국가대표가 되었다. 정인환이라는 선수도 있었다. 이범영 골키퍼도 있었다. 스타는 없었지만, 프로가 된 선수는 꽤 많았다. 선배 중에서는 골키퍼 코치 연수 과정에서 만난 김병지 선배가 있다. 그때 이운재 선배님과는 3주 동안 룸메이트였다.

나와 같이 경기한 인연은 없지만 가장 기억에 남는 축구선수로는 차기석 선수가 있다. 나와 같은 또래의 골키퍼였다. 같은 팀에서 뛴 건 아니었다. 아마도 나와 비슷한 처지에 있었기 때문에 생각이 난다. 선수들은 항상 크고 작은 부상을 달고 산다. 경기에 나가야 하므로 부상을 숨기고 뛰기도 한다. 차기석은 타고난 기량의 완벽한 골키퍼였다. 아마도 김병지, 이운재 선배의 뒤를 잇는 국가대표 골키퍼가 될 것이었다. 차기석 선수는 히딩크가 주목할 만큼 우리 또래 중 뛰어난 골키퍼였다.

　차기석 선수는 신장에 문제가 생겨 안타깝게도 빨리 은퇴했다. 투병 생활 끝에 결국 생을 마감했다. 나는 차기석 선수를 아직도 기억한다. 친해지게 된 건 골키퍼 지도자 연수 때였다. 2~3주 같이 생활하면서 이야기를 많이 나눴다. 나중에 투병 중인 차기석을 돕기 위한 챌린지도 했다. 지면을 빌려 다시 차기석 선수를 추모한다.

고 차기석 선수 시절

학업과 운동은 병행이 불가능한가?

나는 대학에 진학할 때, 학업과 운동을 병행하고 싶었다. 운동만 8시간, 9시간 몰아서 한다고 기량이 늘지는 않는다고 생각했다. 대학에 들어가면 학업을 들으면서 운동할 계획이었다. 그러나 내 생각은 그 당시 체육계 정서에 맞지 않았다. 운동선수는 운동에만 집중해야 한다고 생각했다. '공부도 하겠다'라고 말하면 건방지다고 생각했다. 팀 감독님과 이견이 있었다. 난 학업을 병행하면서 대학에 다니고 싶었다.

나는 축구를 사랑하기는 하지만 '사회구성원으로서 세상을 살아가려면 다른 것도 배워야 하지 않나?'라고 생각했다. 모든 선수가 프로가 되고 국가대표를 할 수는 없었다. 타고난 재능의 차이도 있는 것이었다. 그래서 운동선수에게도 반드시 다른 대안이 필요했다. 그때 운동계에 만연해 있는 기득권, 관료화에 내가 처음 꺾였다. 어찌 보면 내 인생의 첫 번째 시련의 시간이었다. 감독님이 대학을 안 보냈다. 수원공고 졸업 앨범에 적혀 있는 축구부 대학진학 현황에 나는 미정이라고 표시됐다. 씁쓸했다. 그래서 나는 스스로 운동과 학업을 같이 할 수 있는 대학교를 직접 찾아갔다. 내가 혼자 갔다. 그렇게 간 대학이 강원도 영월에 있는 세경대학이었다. 2년제 대학이지만 1, 2학년만으로 팀을 만들어서 전국대회 8강, 4강을 했을 만큼 쟁쟁한 팀이었다. 나는 후회하지 않았다.

축구 지도자 시절

그러던 와중에 선택을 결정하고, 이후의 인생을 새롭게 설계해야 하는 순간이 내게 왔다. 허리와 어깨가 나빠지면서 수술을 더는 미룰 수 없는 상태였다. 안타까움, 회한, 서글픔 등 온갖 감정의 폭풍 속에서 결정했다. 축구선수로서의 인생은 접기로. 나는 축구를 통하여 인생을 배웠다. 그거로 족하다. 그렇게 선수 생활을 접고 난 뒤에는 학생선수 경험을 살려 교육자로 진로를 전환했다. 명지대에는 유일하게 '경기지도학과'가 있었다. 어쩌면 그것도 내 운명이라는 생각이 든다. 학생선수의 경험은 지금까지도 내 삶의 원동력이고 자부심으로 남아 있다. 학업과 운동을 스스로 병행하였기에 관련 전공으로 전환하는 것에 오히려 장점이 많았다고 생각한다. 나는 학생선수에서 사회구성원의 본분으로 돌아간 것 일뿐이라고 생각한다.

점심으로 김밥 도시락

대학 시절 내게 닥친 현실은 가혹했다. 아버지가 경제활동의 어려움을 겪게 되자 나는 선수단 기숙사 사감을 하면서 근근이 생활을 이어갔다. 내 인생의 두 번째 시련이 다가왔다. 기숙사에서 먹고 자고 장학금을 받았다. 거기에 약간의 생활비도 받았다. 선수 생활을 은퇴한 이후로 일하면서 대학에 다닐 때는 단돈 1,000원이 아쉬웠다. 수원역에서 명지대 갈 때, 명지대 앞에서 캠퍼스까지 꽤 먼 거리를 걸어 다녔다.

아침에 어머니가 김밥을 두 줄 싸줬다. 점심시간에 그 김밥 두 줄을 식당에서 혼자 펼쳐서 먹는데, 다른 학생들은 식당 밥을 사 먹는 걸 보며 창피했다. 그래서 다음 날부터 졸업 때까지 줄곧 빈 강의실이나 공터에 나가서 김밥을 먹었다. 학생식당을 전혀 못 갔다. 어머니가 싸준 김밥 두 줄 챙겨와 점심으로 먹으며 학교 다

넜다. 나는 대학 생활 내내 2,000원짜리 학교식당 밥을 한 번도 먹어보지를 못했다.

나는 흙수저였다. 나의 유년과 청소년 시절은 풍족하지 않았다. 그러나 이런 환경이 나를 성장시켰다. 나는 철저히 자기 주도적으로 살아야만 했다. 그러나 어려운 환경에서도 부모님의 사랑을 많이 받았다. 애정이 엄청났다. 부모님과 많이 대화했다. 대학에 갈 때, 선수 은퇴할 때, 코치 강사 등을 했을 때마다 부모님은 항상 나를 응원해줬다.

나는 그때부터 선수가 아니라 지도자의 길을 걷게 됐다. 경기지도학과는 원래 체육계 지도자 양성을 목표로 하는 학과였다. 감독과 지도자로의 길이 열려 있었다. 그러나 나는 코칭론보다는 교육학 자체에 관심이 더 컸다. 그래서 대학교를 졸업하고 성균관대 교육대학원에 진학했다. 본격적으로 교육학자의 길로 들어선 것이다. 명지대 다닐 때 이미 교육 쪽으로 마음을 먹었다.

2009년 성균관대에 들어갔다. 교육 전반에 대한 모든 교육을 받았다. 성균관대 석사과정 중 수원시청 축구단 프런트에 입사가 돼 학업과 병행했다. 구단 지원 마케팅을 지원하는 업무였다. 1년 좀 넘게 생활하면서 축구 행정도 조금 경험을 해봤다.

성균관대학교에서 일과 학업을 병행하며 운명처럼 청년 재능기부 봉사단체를 만들었다. '수원사랑 청년연합회'였다. 나처럼 중도 포기한 운동선수들을 모아서 체육 재능기부 봉사를 하는 단체였다. 그 후 서른 살 늦깎이로 숭실대 박사과정도 병행했다.

박사과정은 경영학을 전공했다. 스포츠행정에 필요한 과정이어서 경영학도 공부했다. 그때 골키퍼 지도자 라이선스를 최단기간에 취득했다. 국가대표 코치까지 지도할 수 있는 1급 라이선스를 취득했다. KFA(대한축구협회) 최연소 골키퍼 강사로 활동을 하게 됐다. 박사과정을 공부할 때는 서울대학교 축구팀 코치로 활동을 했다.

수원FC대학생운영단교육

노인복지관에서 삶의 의미를 묻다

나는 어깨가 많이 안 좋아서 수술했다. 생계와 학업을 병행하다 30살이 되어야 사회복무요원으로 군 복무를 대체했다. 나는 '버드네 노인복지관'에서 대체복무를 했다. 식당에서 근무했다. 나의 일과는 오전에 독거노인 도시락 배달, 오후에 급식 배식, 설거지와 뒷정리를 하는 일이었다. 2015년부터 2016까지 24개월 복무했다. 오전에 독거노인 도시락 배달을 하면 50~60분의 어르신께 도시락을 보내는데, 식사를 배달하는 것도 목적이지만 사실은 그들의 생존을 확인해야 하는 다른 중요한 목적도 있었다.

나는 항상 그 점이 두려웠다. 특히 월요일에 복무하는 것이 가장 두려웠다. 주말 이틀 사이에 무슨 안 좋은 일이 생길지 몰랐다. 복무 중에 생을 달리하게 된 어르신이 두 분 있었다. 그분들은 무연고 처리되었다. 그 전주 금요일까지 인사를 드렸는데 월요일에

율천동 경로잔치 자원봉사 주민과 함께

돌아가신 분이 두 분이나 있었다. 그중 한 분은 내가 직접 갔다가 문이 열리지 않아 발견했다.

 노인복지관에서의 시간들은 내게는 없었던 시야를 갖추게 해준 원동력이 되었다. 사회 취약 계층들은 여전히 도움이 필요하다. 사회의 사각지대가 우리 가까이에 아주 많이 있음을 알게 되었다. 도움의 손길이 간절한 사회 취약 계층, 특히 사회안전망에서 벗어나 있는 분도 많았다. 지금도 기억에 남는 일이 있다. 도시락 배달을 나가는 곳 중 할머니 한 분이 도시락 배달을 하고 나면 수거통에 꼭 요구르트를 1개씩 넣어두곤 하셨다. 할머니 나름의 감사 표시였던 것 같다. 나는 조부모가 두 분 다 일찍 돌아가셔서 노인에 대한 추억이 없는 편인데, 도시락 배달을 하며 그분들의 말벗이 되어드리는 일이 여러모로 기억에 남는 좋은 경험이었다. 할머니들은 항상 나를 기다리셨다. 내가 문을 열고 들어가면 마치 나 오기만을 기다렸다는 듯 바라보는 그 환하고 그 애절한 눈빛을 나는 지금도 기억한다.

나는 늦게 군대에 갔기 때문에 동기들 사이에서도 솔선수범하려고 노력했다. 궂은일을 도맡아서 하려고 했다. 열심히 일해서 상도 두 번 탔다.

"많지 않은 금액이지만 그동안 강사비로 받은 돈을 모은 겁니다. 제 강의를 들어준 그 많은 청년의 마음이라 생각하고 받아 주십시오."

나는 2년 동안 한국보건복지인력개발원 사회복무교육본부에서 사회복무요원을 대상으로 하는 특강 강사로 일했다. 내가 아시아축구연맹지도자 자격증과 중등학교 정교사 2급 자격증을 취득한 뒤 김병지 축구센터 사무국 본부장, 서울대 축구부 지도자, U-13 상비군 축구대표팀 코치, 수원 FC 홍보마케팅팀 근무 등 축구와 관련한 일을 해온 경력이 강사로서 자격이 있다고 인정이 되었다. 그것은 내 인생의 참 소중한 경험이 되었다. 2년 동안 강의한 돈을 모으니 300만 원 정도 되었다. 사실 사회적 자립을 다시 준비해야했던 나에게 300만원은 굉장히 큰돈이었다.

그러나 나와 같은 처지에 있는 청년들에게 강의하고 받은 돈을 개인적으로 쓸 수는 없었다. 그렇게 매달 강사비를 모았다. '청년들에게 희망을 줄 수 있는 일에 쓰였으면 좋겠다'라는 생각을 실행했다. 그렇게 나의 20대는 함께한 청년들 덕에 희망을 볼 수 있었다.

300만 원 기부 사진

동네가 키운 호랑이

나는 자라면서, '정치를 꼭 하고 싶다'라는 생각을 하지 않았다. '내가 동네에서 받은 사랑을 우리 사회에 꼭 환원할 수 있는 인물이 되겠다'라고 생각했다. 부모님의 삶에서 많은 영향을 받았다. 본격적으로 '직업 정치인이 되겠다'라고 생각했던 건 2010년 염태영 수원시장 선거캠프에 결합한 이후부터이다. 내 나이 스물다섯 살 때였다. 성균관대 교육대학원을 다닐 때였고, 나는 캠프에서 청년 정책팀장이었다. 청년 정책을 총괄하는 자리였다.

그전에 '수원사랑 청년연합회'라는 단체의 회장으로 활동했던 경험이 있어 선거캠프에 연결되었고 추천을 받았다. '수원사랑 청년연합회'는 은퇴한 체육 선수들의 체육 재능기부로 시작되었다. 그러다가 점점 저소득층, 다문화가정, 불우이웃돕기 자선 축

청년들과 소통

구대회, 어르신들 돕는 행사에 참여하는 식으로 일이 확장됐다. 2007년, 세경대에서 명지대로 편입하며 선수 생활을 관두고 난 뒤 '수원사랑 청년연합회'를 시작했었다. 그때는 회원들이 70명 정도 됐다. 차츰 회원이 늘어나면서 다양한 봉사활동을 했다. 봉사만 하는 것도 좋은데, 그때 한창 멘토 멘티 강의가 유행이었을 때였다. 그래서 염태영 시장을 초청하여 얘기를 들었던 게 어찌 보면 정치입문의 계기가 됐다.

그 당시 염태영 시장은 청와대 비서관을 하다가 그만두고 수원시장 선거에 출마했다가 낙선한 뒤 시민사회 활동을 하며 재도전을 준비하던 시기였다. 내가 정치참여를 해야겠다는 계기를 준 건 염태영 시장이었다. 그냥 보통시민에서 깨어 있는 시민으로 정치참여를 해야겠다는 결심을 심어준 내 인생의 멘토였다.

"청년세대의 정책, 수원의 미래를 만들어가는 정책을 스스로 만들어보면 어떻겠냐?" 청년을 소모품으로 생각한 게 아니라 청년을 위한 정책을 주체적으로 만들어보라고 진심으로 말씀했다. 청년들이 기껏해야 선거운동 때 율동이나 하면서 선거 운동원으로 액세서리 역할만 하는 것에 누구보다 반대한 분이셨다. 내게 사무실까지 주겠다고 제안했다. 그 뒤로 염태영 수원시장 선거캠프에 '수원사랑 청년연합회'가 많이 결합했다.

그때는 정치참여만 했을 뿐이고, 막상 선거가 끝나자 나는 다시 스포츠와 교육으로 돌아갔다. 나는 2011년도 '수원 FC' 프런트에서 마케팅 담당 활동을 했다. 그 후에 대한축구협회에서 지도자 교육을 담당하는 강사를 했고, 서울대학교 축구팀을 지도했다. 김병지축구센터를 운영해보는 경험도 겪었다. 2014년도까지는 내 직업이 있었다.

청년들과 소통

    2010년 선거 이후, 4년이 흘러 2014년이 되었다. 나는 다시 염태영 시장 선거캠프에 청년 정책 보좌관으로 참여했다. 그때 당시 첫 출마 제의를 받았지만 사양했다. 내가 왜 선출직 의원이 되어야 하는가에 대한 확신이 아직 없을 때였다. 2014년도 선거 치르고 2015년도쯤 서서히 확신이 섰다. 그때는 캠프와 주변 주민들이 정치참여를 권유하기 시작했다. 어찌 보면 캠프와 지역 시민들에게 인정받은 것이었다. 그 이후 나는 깨어 있는 시민의 조직된 힘이, 선한 권력이 시민의 삶을 발전시키는 성취들을 쌓아갈 수 있다는 것을 명확하게 체감했다. 나아가 그 조직된 힘이 정치라는 현장에서 발휘되어야 한다는 것도 알게 되었다. 내가 할 일이 정치라는 확신이 그제야 들었다. 2016년 나는 이 경험을 바탕으로 시민의 대표가 되었야겠다는 결심을 굳혔다.

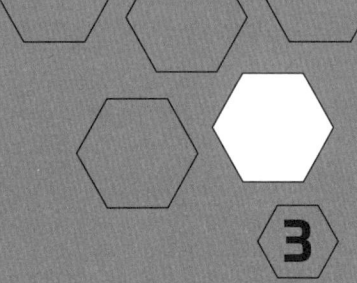

황대호, 슛골인

"현실은 이미 심각하게 기울어진 운동장이다. 요즘 청년들의 화두는 단연코 '공정'이다. 누구든 출발선이 같고 편법 없이 공정하게 경쟁할 기회를 달라는 것이다. 그런데 나는 우리 청년세대가 공정을 외치면서 놓친 중요한 부분이 있다고 본다. 동일 출발선에 서서 동시에 출발하게 한다고 공정이 아니라는 것이다. 동일 출발선에 섰어도 누구는 기어가고, 누구는 뛰어가고, 누구는 자전거를 타고 가고, 누구는 자동차를 타고 간다면 그것은 공정한 것이 아니다. 이미 심각하게 기울어진 운동장은 구조적으로 불공정한 세상이다. 세상을 바꾸지 않으면 공정은 없다. 이것이 내가 정치를 해야겠다고 결심한 동기다."

황대호 아버지

"후보님, 잠깐만요!"

늘 나보다 열 걸음쯤 앞서서 걸어가는 사무장이 아주 곤란한 표정으로 골목을 돌아서려는 나를 막아섰다. 오늘도 벌써 다섯 번째 오는 성대 앞 역으로 돌아가는 골목 앞이었다.

"왜, 뭔데?"

나는 사무장을 밀치고 건너편을 쳐다보았다. 저 멀리 하얀 헬멧을 쓰고 "황대호 아버지"라고 적힌 파란색 민주당 점퍼를 입은 아버지가 눈에 들어왔다. 아버지가 건널목 신호등 아래에 오토바이를 세워두고 골목에 쓰러져 있었다.

나는 허겁지겁 아버지에게 달려갔다. 아버지는 나를 보고는 당황하여 손을 휘휘 저었다.

"괜찮아. 쥐가 나서 그래. 허허."

황대호 아버지 선거운동 사진

그러나 나는 금방 알아봤다. 쥐가 난 것이 아니라 손발에 마비가 와서 발이 뒤틀린 것이었다.

"하, 아버지!"

나는 절로 한숨이 나왔다. 순간 눈물이 핑 돌았다. '이렇게까지 해야 하나?' 하는 생각이 머리를 스쳐 지나갔다. 나는 아버지가 내 선거운동을 도와주는 것에 당연히 반대했다. 사실 아버지는 중환자였다. 아버지는 월남전 참전으로 생긴 고엽제 후유증 때문에 숨이 차올랐고 폐가 안 좋았다. 일찍 은퇴했지만 자주 응급실 중환자실 입원실을 오갔다.

급기야 내 결혼식 3개월 전, 아버지가 쓰러지셨다. 거의 돌아가실 뻔했다. 폐기종이 악화하여 거의 한 달가량을 입원하셨다. 폐 기능이 15~20%까지 떨어지면 산소호흡기를 차야 하는 상황이었다. 그런데 기적적으로 회복해 퇴원했다. 불굴의 의지로 일어나 결국 내 결혼식에도 참석하셨다. 그런데 겨우 5개월 지나서 아들의 선거운동을 돕겠다고 환자가 나선 것이었다.

"후보님, 죄송해요. 벌써 몇 번째 쓰러지셨는데, 아버님이 절대 후보한테는 이야기하지 말라 하셔서 말씀 못 드렸습니다."

그제야 사무장이 머리를 긁적거리며 말했다. 온 가족이 내 선거운동을 하느라 너무 고생했다. "아버지, 이제 선거운동 나오지 마세요"라고 말하는 내게 아버지가 말했다.

"대호야, 예전에는 '황영선의 아들 황대호'였는데 이제는 '황대호의 아버지 황영선'이 된 게 너무 좋다."

내가 아주 어릴 적 아버지는 나를 목말 태우고 동네를 돌아다녔다. 아버지는 그걸 힘들어하지 않고 기뻐했다. 그때 유독 활짝 웃으며 나를 쳐다봤던 기억이 났다. 내 기억 속 아버지는 무뚝뚝한 성격이었다. 나에게조차도 칭찬에는 인색했다. 그러던 아버지는 초등학교 졸업식 때 짜장면을 사주면서 뿌듯해했다. 어머니랑 세 명이 짜장면을 먹으며 아버지는 처음으로 나를 칭찬했다.

"내 아들, 너무 잘 자라줘서 고맙다."

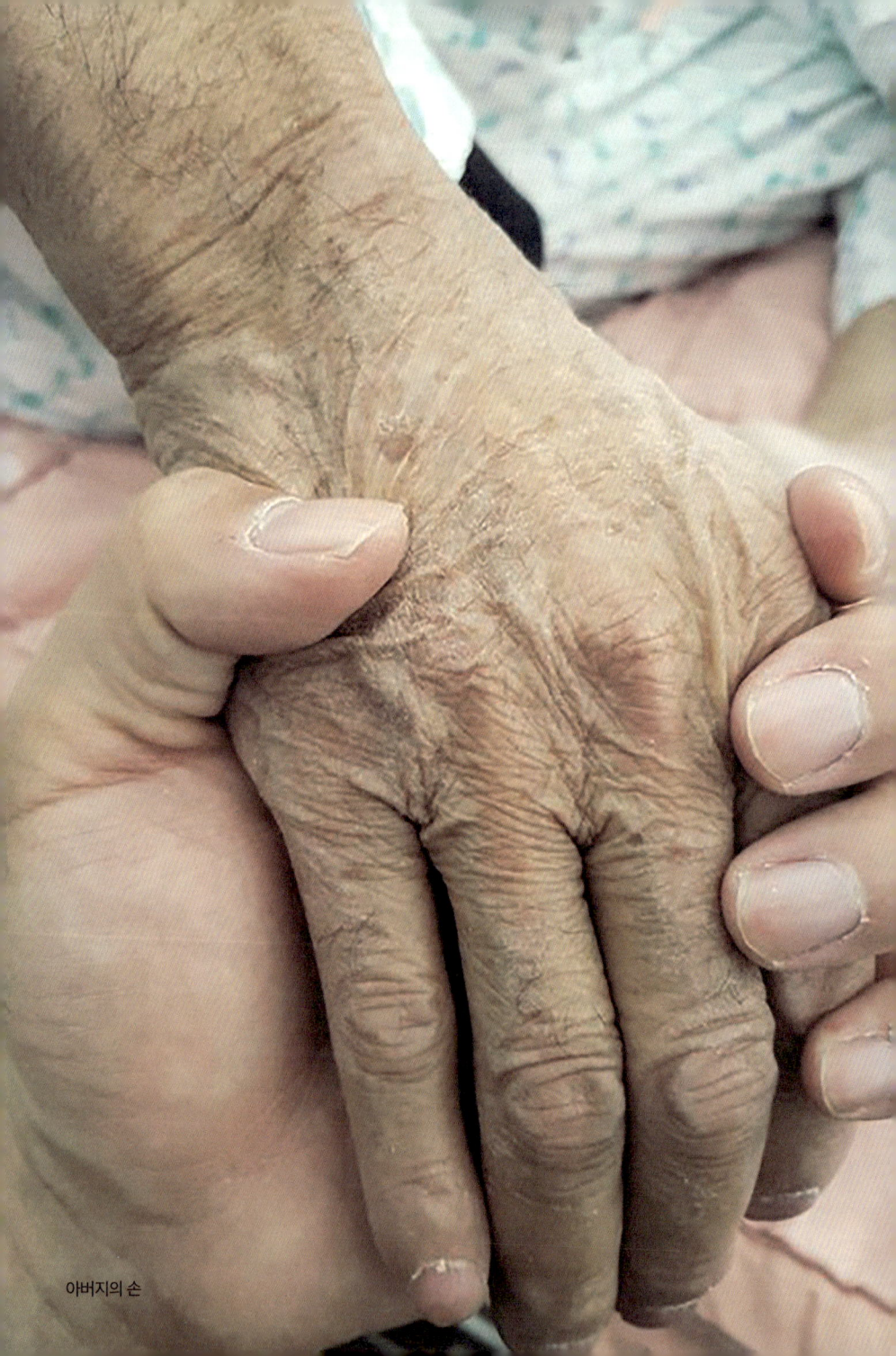

아버지의 손

흙수저 빙고 게임

나는 2012년 4월 25일 일기에 이렇게 적었다.

"아침에 경비실에서 연락이 와 회사 앞 주차장에 나가보니 경찰차가 있었다. 주차장에 있던 내 차에 누군가 조수석 문을 열고 들어가 절도를 하다가 주민 신고를 받고 나온 경찰들이 현장검거를 한 상황이었다. 진술서 작성을 위해 경찰서로 이동했고 피해자와 대면한 순간 가슴이 내려앉았다. 현재 절도 1범이고 보호관찰 중이라고 말하는 이는 17살 고등학생이었다. 나 또한 바르게 살지 못한 부분이 있고 누구나 다 그런 부분을 안고 산다. 하지만 무엇이 학교에서 공부하며 또래 아이들과 지내야 할 그 아이를 이렇게 만들었는지 마음이 복잡해졌다. 나는 선처를 바란다는 진술서를 쓰고 나왔지만 계속 마음이 무겁다."

축구선수 길을 접고 대학에 다니면서 비로소 마주하게 된 사회 현실은 엄혹했다. 나는 그 고등학생이 한심하다고 생각했다. 물론 차 안에 몇 푼의 현금은 있었다. 톨게이트 통행료나 주차료나 급하게 필요한 기름값에 대비하여 항상 차 안에는 얼마간의 돈이 있게 마련이다. 그래 봐야 푼돈이다. '그게 얼마나 된다고?'라

흙수저 빙고
BINGO

화장실에 물 받는 다라이가 있다	연립주택에 살고 있다	세뱃돈이 10만원 단위를 못 넘겨보았다	알바를 해 본적이 있다	부모님이 정기 건강검진을 받지 않으신다
집에 욕조가 없다	집에 장판이 뜨거나 뜯긴 곳이 있다	부모님이 취미생활이 없으시다	부모님이 자식 교육에 집착이 심한 편이다	집에 TV가 브라운관이거나 30인치 이하 평면TV
냉동실에 비닐안에 든 뭔가가 많다	부모님이 음식을 남기지 말라고 잔소리하신다	가계 부채가 있다	고기 요리를 할때 국으로 된 요리로 자주 먹는다	중고나라 거래를 해본적이 있다
부모님이 이혼을 하셨다	1년에 신발 한 두개를 번갈아 신는다	식탁 유리아래 식탁보가 비닐로 되어있다	집에 비데가 없다	여름에 에어컨을 잘 안틀거나 에어컨이 없다
본가가 월세나 1억 이하의 전세이다	인터넷 쇼핑할때 최저가를 찾는데 시간을 많이 투자한다	집에 차가 없거나 연식이 오래되었다 (7년 이상)	옷장 안에 유행이 지난 후 쟁여두는 옷들이 많다 (특히 두꺼운 옷)	집에 곰팡이 핀 곳이 있다

흙수저 빙고 게임

고 생각했다가도 '그거라도 도둑질을 안 하면 안 되는 처지가 있었나?' 하는 생각에 이르자 숨이 '턱' 하고 막혔다. 그것이 그 어린 고등학생의 문제만은 아니었다. 그것은 어찌 보면 나에게 닥친 문제였고 나와 동시대를 살아가는 청년세대가 대부분 겪어야 하는 현실이었다.

한때 청년들 사이에서 '흙수저 빙고 게임'이라는 게 SNS에서 돌았다. 각 칸에는 구체적인 '흙수저'로서의 조건이 쓰여 있다. 많이 해당할수록 빙고에, 그리고 가난에 가깝다. 25개 문제 중에 10개 이상에 해당하면 흙수저인 것이다. 유감스럽게도 나는 완벽한 흙수저였다.

우리 청년들은 왜 이런 자조적인 게임으로 자신을 위로하게 되었을까? 지금 청년세대 전에는 '개천에서 용 나오는 세대'가 있었다. 노력하면 끝내 이루고야 만다는 '노력 만능'의 시대가 있었다. 그러나 내가 사회에 나와 바라본 현실은 이미 '심각하게 기울어진 운동장'이었다. 내가 대학에 입학할 때쯤, 사람들이 신입생에게 입학선물로 자기계발서를 선물해줬다. '아프니까 청춘이다'를 비롯해서 '마시멜로 이야기', '시크릿', '연금술사'도 있었다. 간절히 원하면 우주가 네 꿈을 이뤄준다거나 참고 견디면 성공할 수 있다는 교훈을 주는 책들이었다. 2000년대엔 이런 자기계발서가 한창 유행이었다. 그러나 10년 후 현실은 달라졌다. 이제 그런 계발서는 청년들에게 더는 위로가 되지 않는다.

일본에는 현실에 충실한 사람을 조롱하는 '리얼충'이란 말이 있다. 마찬가지로 한국에도 '진지충'이라는 말이 있다. 이제는 리얼하게, 진지하게 노력하는 것이 조롱받는 세상이다. 리얼충을 조롱하는 것에서 흙수저 빙고와 비슷한 재미를 느끼지 않을까 생각한다. 한국이 지옥 같다고 '헬조선'이라고 비꼬는 청년세대에게, '한국이 싫어서' 이민계를 든다는 청년세대에게 기성세대는 무슨 말을 할까. 더 노력해보라는 이야기를 할 것 같다. 짱돌을 드는 노력이든, 수험서를 드는 노력이든 뭐든 말이다. 그게 맞는 말일 수도 있다. '네네'하고 듣겠지만 속으로 청년들은 이런 생각을 할 것이다.

'노력한다고 되겠냐?'

현실은 이미 심각하게 기울어진 운동장이다. 요즘 청년들의 화두는 단연코 '공정'이다. 누구든 출발선이 같고 편법 없이 공정하게 경쟁할 기회를 달라는 것이다. 그런데 나는 우리 청년세대가 공정을 외치면서 놓친 중요한 부분이 있다고 본다. 동일한 출발선에 서서 동시에 출발하게 해준다고 공정이 아니라는 것이다.

동일한 출발선에 섰어도 누구는 기어가야 하고, 누구는 뛰어가고, 누구는 자전거를 타고 가고, 누구는 자가용을 타고 간다면 그것은 공정한 것이 아니다. 이미 심각하게 기울어진 운동장은 구조적으로 불공정한 세상이다. 세상을 바꾸지 않으면 공정은 없다. 이것이 내가 정치를 해야겠다고 결심한 동기다.

청년세대에게 진정 필요한 것은 위로가 아니고 희망이 아닐까? 나는 정치가 혐오의 대상이 아니라 희망을 주는 정치여야 한다고 생각했다. 아버지 세대를 욕하고 원망해서 위로받을 수 있는 것은 없다. 결국은 내가 살아가야 할 세상이었다.

희망을 없앤 것도 사람,
희망을 만든 것도 사람

2014년 2월 28일, 경향신문은 "삶이 나락으로 떨어져야 작동하는 국가복지"라는 제목의 기사를 게재했다.

"2014년 2월 26일, 생활고에 시달리던 세 모녀가 "마지막 집세입니다"라는 말과 함께 월세와 공과금을 남긴 채 동반 자살하는 사건이 발생했다. 서울 송파경찰서는 지난 26일 오후 9시 20분께 송파구 석촌동의 한 주택 지하 1층에서 이 집에 살던 박모(60) 씨와 두 딸 A(35) 씨, B(32) 씨가 숨진 채 발견됐다고 밝혔다. 경찰 관계자는 "외부인 출입이나 타살 흔적이 없고 번개탄을 피운 점 등을 미뤄 동반 자살한 것으로 보인다"라고 밝혔다. 경찰은 세 모녀가 살던 집 창문이 청테이프로 밀봉된 상태였고, 현장에서 전소한 번개탄이 발견된 점을 미뤄 세 모녀가 자살한 것으로 추정하고 있다. 현장에서는 현금 70만 원이 든

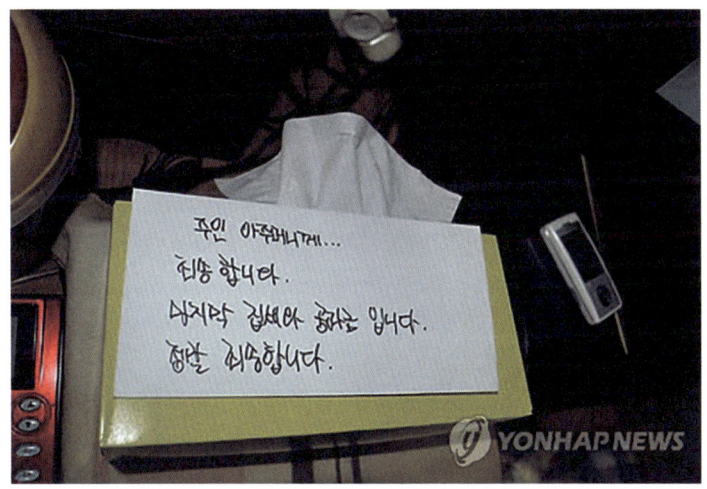

송파 세모녀가 남긴 유서

> 봉투와 함께 '주인아주머니께, 죄송합니다. 마지막 집세와 공과금입니다. 정말 죄송합니다'라는 메모가 나와 주위를 안타깝게 하고 있다."

　내가 이 기사를 접할 때는 두 번째 도전한 염태영 수원시장 캠프에서 선거운동을 하고 있을 때였다. 나는 그때까지도 내가 직접 정치에 하는 일은 없을 거라 생각하고 있었다. 그러나 이 사건은 나에게 큰 충격이었다. 정책이 아니 정치가 조금만 세심했어도 돌아가시지 않아도 되는 너무나 착한 분들이었다. 집주인 임모 씨에 따르면 "조용하고 좋은 사람들이었다. 이들 가족은 문제를 일으키거나 집세나 공과금이 밀린 적이 단 한 번도 없다"라고 말했다. 이들 가족의 가난은 2003년 박 씨의 남편이 방광암으로 숨진 뒤부터 시작됐다. 2005년 이사 온 가족은 외부와의 교류가 거의 없었다. 생계는 박 씨의 식당일로 해결했다. 기초생활 수급 자격신청을 한 적도 없다. 송파구 관계자는 "박 씨의 나이가 60대이고, 젊은 자녀들이 있다는 점에서 설령 신청했더라도 쉽지는 않았을 것"이라고 말했다.

사회복지사 박종규 씨는 "이들 가족이 몰라서 수급 신청을 못했는지는 잘 모르겠지만 우리 사회에서 복지혜택은 노인이나 장애인 등만 받는 것이며 남의 도움을 받는 것을 수치스러워하는 문화가 있다"라고 말했다. 남기철 동덕여대 사회복지학과 교수는 "아무리 열심히 일해도 나아질 희망이 없는 것이 빈곤층의 가장 큰 절망"이라며 "한국 사회는 아무것도 없이 나락에 빠져야만 최소한의 생계비를 지원하지 사전에 빈곤을 예방하는 보편복지는 설계돼 있지 않다"라고 지적했다. 이어 "특히 복지정책이 도덕적 해이나 근로할 능력을 강조하며 국민에게 가난의 책임을 돌리는 방식으로 간다면 이런 사건은 또 발생할 것"이라고 말했다.

나는 "사전에 빈곤을 예방하는 보편복지는 설계돼 있지 않다"라는 기사와 "복지정책이 도덕적 해이나 근로 능력을 강조하며 국민에게 가난의 책임을 돌리는 방식으로 간다면 이런 사건은 또 발생할 것"이라는 기사에서 눈을 뗄 수가 없었다. 나는 그 후부터 만일 기본소득과 같은 보편적인 복지정책이 있다면 이런 불행한 사태가 발생하지 않았을 것이라는 생각을 하게 되었다.

가난은 대물림되고 있다. 가난은 개인의 잘못만은 아니다. 개인이 게으르고 무능해서 가난해지는 것이 아니다. 가난을 개인의 잘못으로 돌리는 능력 중심의 무한경쟁 사회가 문제 아닌가? 그런 정책을 양산하는 신자유주의가 문제 아닌가? 이런 생각을 점점 깊이 했다.

나는 사람이 희망이라고 생각한다. 힘겨운 사람은 시민이기 어렵고, 배고픈 사람은 투표하기 어려우며, 고통받는 사람은 촛불에 공감하기 어렵다. 최소한 사람은 행복하게 살 수 있는 권리가 있다. 생존에 필요한 인간의 기본권은 국가가 보장해야 한다. 사람이 희망인 세상에서 인간은 비로소 행복할 수 있다. 사람을 잃으면 국가도 없다.

선한 조직이 선한 권력을 잡으면
시민의 삶이 바뀐다

'정치는 권력을 누가 잡는가?'가 중요하다고 나는 생각한다. 정치에 입문하여 내가 배운 명백한 진리가 있다면 그것은 '선한 권력이 세상을 바꾼다'이다. 2010년, 수원시장이 염태영 시장으로 바뀌면서 세상이 바뀌는 걸 직접 몸으로 느꼈다. 나는 그것을 추상적인 명제가 아니라 구체적인 경험으로 알게 되었다.

율전동 성균관대 전철 역사는 오랫동안 낡아서 문제가 많았다. 시민들이 다니기에 불편하기 그지없었고 편의시설도 없는 시골 간이역이었다. 1978년 건립한 기존 역사는 시설 노후화로 인해 이용객의 안전이 우려된다는 지적이 끊임없이 제기돼 왔다. 엘리베이터, 에스컬레이터 등 교통약자를 위한 보행 편의시설도 없었다. 아무도 본인의 문제라고 생각하지 않았고 직접 나서서 해결하려고 하지 않았다. 당장 본인의 생계와 관련된 문제가 아니다 보니 그냥 그렇게 시간만 지나온 것이었다.

율전동 시민단체들이 서명운동을 시작했다. 국회, 경기도, 수원시, 코레일에 민원을 제기하고 역사 신축을 타진했다. 주민들이 한 명씩 자발적으로 서명운동에 나서기 시작했다. 그렇게 해서 율전동에 신역 청사조성 여론이 뜨거워졌다. 드디어 2014년 4월 '경부선 성균관대 북부역사 신설사업 협약'을 체결하고 2015년 9월 착공에 들어갔다. 북부역사는 2017년 9월 29일 공사를 마치고 운영을 시작했다. 나를 포함한 시민단체는 이해관계가 아무것도

수원시좋은시정위원회

없었다. 우리 고장 사람들이 더 나은 환경에서 살았으면 좋겠다는 바람으로 순수하게 진행했다. 나는 이런 투쟁을 통하여 '시민의 조직된 힘이 권력이 될 수도 있구나'라는 것을 몸으로 체험하게 되었다.

  염태영 시장이 수원시장이 된 이후 선한 조직이 선한 권력을 잡으면 세상이 바뀐다는 것을 실감했다. 나는 청년단체 자격으로 수원시정위원회에 참가했다. 수원 시정의 100대 과제를 선정하고 각 분야의 분과를 만들었다. 그리고 시정위원회에서 정책을 추진했다. 나는 그때 비로소 지방자치라는 것을 실감했다. 말이나 형식이 아니라 실재 우리가 건의하고 계획한 정책이 하나씩 동네에서 실행되는 것을 수시로 체험했다. 그걸 보면서 시장이 바뀌면 세상이 바뀔 수 있다는 걸 알게 되었다.
  우리는 정책이 잘 집행되는지 감시했다. 그러자 모든 정책과 예산은 시민이 주인이 되는 것으로 변했다. 그전에는 콘크리트 정치였다. 지역의 강력한 기득권 카르텔이 모든 것을 입안하고 집행하고 처리했다. 주민은 단지 선거 때만 주권자였다. 그러나 율전동은 주민자치가 강했다. 모든 정책 현안사업을 주민 스스로 정해서 끌고 나갔다. 나는 이것이 우리가 가야 할 정치의 방향이라고 무릎을 쳤다.

율천동주민자치회의

    이때부터 나의 화두는 주민자치, 자치분권이 되었다. 나는 정치에 참여하기로 내 인생의 항로를 정했다. 혐오의 정치가 아니라 희망의 정치를 내가 스스로 써가기로 한 것이다. 3년의 시간 동안 나는 내 정신과 철학을 가다듬기 위하여 공부하고 또 공부했다. 성취와 경험 없는 청년정치란 없다. 단지 젊다는 것이 정치에 어떤 도움이 된다는 말인가? 정치는 축구와 달랐다. 철학과 비전과 식견이 없으면 안 되는 경기였다. 나의 첫 번째 목표는 2018년 지방선거였다. 사람들이 대부분 기초의원부터 도전하리라 예상했지만 나는 경기도의원에 도전했다. 지역구 경선을 통한 도의원 당선에 말이다.

아무도 경선 통과를 예상하지 못했다

　비례대표 제의가 굉장히 많이 왔지만, 나는 비례대표로 공천되는 것을 거부했다. 청년비례대표는 순번 1위이기 때문에 공천만 받으면 당연히 당선이 보장된 자리였다. 하지만 나는 선출직으로 도전하리라 마음을 먹었다. 이 상황에서는 내가 경쟁해야 하는 것부터 오롯이 내 몫이었다. 현재도 왕성한 활동을 하고 있는 오지혜 의원이 그때 당시 청년비례대표 공개오디션을 통해 최종 선발되었다. 하지만 내 길은 다른 길이라고 생각했다. 나와 함께하는 시민들과 함께 평등하게 경쟁하고 당당하게 당의 선택을 받고 싶었다. 나는 청년이라는 프리미엄 없이 정당하게 경쟁하여 공정하게 당원의 신임을 얻고 싶었다. 그것이 진짜 청년정치라고 생각했다. 나는 세대 차이를 넘어서는 공정한 경쟁을 하겠다고 결심했다.

율전동은 내가 태어나고 자란 곳이니까 지역 현안을 누구보다 잘 알고 있었다. 청년정치인의 본선 경쟁력을 많이 우려했지만 나는 걱정하지 않았다. 시민단체들과 지역구에 관련된 일을 최소 4~5년 이상 같이했던 경험이 있었다. 토박이라고 으쓱대는 게 아니라 나에게는 성취의 경험이 있었다. 그 사람들과 지역을 바꾸고, 더 좋은 사회를 만들고, 피 한 방울 안 섞인 사람들이 연대해서 우리 지역을 위해 여러 가지 활동을 함께했다. 나는 내 지역에 대한 확신이 있었고, 경기도 도의원을 해야만 하는 이유가 명확

남북교류협력위원회

했기 때문에, 본선에서도 70%가 넘는 득표율로 당선이 됐다. 내 지역구가 진보진영에 녹록한 정치지형은 아니었다. 구도심과 구시가지가 꽤 있었고, 본선에서 나의 상대로 나왔던 사람은 현역 수원 시의원이었다. 그런데도 많은 지지를 받았던 데에는 이유가 있었을 것이다.

그렇다고 경선이 쉬웠던 것은 아니다. 내 인생의 두 번째 고비를 넘는 일이었다. 나의 첫 경선 도전기는 당원을 만나는 과

청년정치의 꿈 민주당 입당

정이었다. 정말로 내 지역구에 투표권을 가지고 나를 왜 지지해야 하는지에 대한 확신이 있는 지지자들을 모셔야겠다고 생각했다. 2017년 1월부터 2017년 7월까지 모집을 했다. 도의원 경선은 100% 권리당원 경선이었다. 내 지역구의 선거인단은 2,000명 정도였다. 그중에 내가 600명 정도를 신규로 직접 모셔왔다. 처음에 내가 만난 분들은 나와 함께 동네에서 같이 성장하고, 선한 정치인이 되고자 변해가는 내 모습을 지켜본 사람들이었다. 어쨌거나 200~300명이 나를 아는 분들이었는데, 한 200명 정도 가입이 되고 나니, 관계적으로 내가 모을 수 있는 사람들은 이미 고갈이 됐다.

나머지 500명은 어떻게 모았느냐? 그냥 '버스킹'을 했다. 매일 가방에 물통 3개를 넣고 다니면서 한 분 한 분에게 호소하는 수밖에 없었다. 소상공인, 청년들, 어르신들, 각계각층에 계시는 분들을 찾아다니면서 저를 지지해달라 호소했다. 처음에는 소금도 맞아봤다. 어느 가게에서 돌아 나가는 나에게 '재수 없다'라고 소금을 뿌렸다. '민주당은 빨갱이다.' '당신이 뭘 할 수 있는데?' '왜 내가 당신을 지지해야 하지?' '뭘 할 건데?' '어린놈이 건방지게 정치가 뭐냐?' '너 그러려고 시민단체 활동했냐?' 이런 시기와 오해가 나에게 쏟아졌다. 부정적인 말들이 내가 직면한 질문이었다.

600명의 지지자들을 한 명 한 명 만나는 과정이 쉽지 않았다. 그러나 나는 결코 편법을 쓰지 않았다. 나의 성장 과정을 지켜보신 분들이 나를 지지해주었다. 그 힘으로 버티고 나아갈 수 있었다. 시민들은 정치에 대한 혐오가 있었다. 민주당에 반대하는 보수적인 동네 분들도 많았다. 그러나 나는 기존 당원이 아니라 신규당원 600명을 모집했다. 경선 선거인단은 대략 2000명이 조금 넘을 것으로 예상됐다. 최소 900명 정도 확보되어야 경선 통과가 가능했다. 다들 황대호는 안 된다고 말했다. 그러나 나는 확신했다. 나를 지지하는 600명은 나를 강하게 지지하는 진성당원이었다. 응답률이 달랐다. 나를 지지하는 당원들의 응답률은 무려 80%에 달했다. 당에서 하는 보통 당내 경선의 응답률은 30%를 넘기 힘든 것이 현실이었다. 4월 25~26일 이틀간 예비경선을 했다. 당원 경선에서 황대호는 당연히 3등이라고 예상했다. 그러나 나는 청년가산점 10% 받지 않고도 당당히 승리했다.

나는 경선 과정을 통해 성장했다고 확신한다. 첫 출마를 준비했던 시절이 있었고, 당원으로서 경선을 준비하는 시절이 있었다. 일부 지역에서는 편법으로 당원을 모으는 사례도 있었다. 그러나 그것은 내가 바라는 길이 아니었다. 시간이 지나면 지날수록 나는 내가 이긴다는 걸 알고 있었다. "청년이 시의원부터 해도 모자랄 판에 도의원이라니? 넌 진다. 그냥 비례대표로 나가라"는 회유, 압박이 많았다.

  그러나 나는 우리 청년세대의 힘을 믿었다. 청년도 정치에서 정정당당하게 경쟁하여 승리하고 사회의 리더도 될 수 있다고 생각했다. 내가 한 명 한 명 호소해서 모은 600명이었기 때문에 이길 수 있을 거라고 확신했다. 여전히 청년세대나 정치에 처음 진입하는 사람들이 경선을 준비한다는 게 정말 힘들 수밖에 없는 구조다. 그러나 진정한 청년 정치는 그런 단련 없이 그냥 이뤄지지 않는다. 청년 정치에 공짜는 없다.

지방분권개헌 캠페인 사진

2018년 2월 20일

"2월부터 지역 주민분들과 민심 경청투어를 시작했습니다. 그러다 보니 식사를 거를 때가 많은데 오늘 기운 내라며 주먹밥과 삶은 계란을 하사하셨습니다. 더더더 기운 내서 여러분의 삶속으로 달려가겠습니다.^^"

2018년 4월 4일

"예정일이 10일 남은 사랑하는 아내가 못난 남편 때문에 홀로 출산 준비를 했나 봅니다. 흐르는 눈물이 멈추지 않습니다. 하지만 다시 마음을 다잡습니다. 지역주민들과 함께 곧 태어날 우리 축복이와 아이들에게 더 밝은 세상을 만들어주고 싶기 때문입니다."

선거운동 기간에 아내가 챙겨준 점심 도시락

홀로 출산 준비에 나선 아내

진짜가 나타났다. 서수원 호랑이

　드디어 2018년 6월 13일 지방선거가 시작되었다. 상대는 양OO(한·52·여·정당인) 현역 재선 시의원이었다. 박근혜 국정농단 사태에 대한 탄핵국면 이후에 치러지는 선거여서 상대적으로 민주당에 유리한 국면이었다. 그러나 나는 너무나 간절한 본선이었다. 상대방은 재선 현역 시의원이 출마한 상황이었고 나는 모든 것을 걸었다. 나는 반드시 이겨야만 했다. 결과는 최연소 경기도의원(32세) 황대호의 탄생이었다. 나는 수원시 4선거구(서둔동, 구운동, 율전동)에 출마해 70.78%의 득표율로 당당히 도의원에 선출되었다.

　내 이야기를 책으로 써야겠다는 결심을 한 뒤부터 내가 반드시 책에 쓰고 싶은 이야기가 있다.

"황대호는 동네가 키운 사람이다."

나는 내가 잘나서 이룬 것은 없다고 생각한다. 먼저 나를 지지하고 도와준 가족의 힘이 있었다. 다음으로 어려서부터 나와 같은 길을 걸어온 친구와 동지들의 힘이다. 무엇보다도 같은 동네에서 나를 지켜보고 지지해준 동네 어른들의 힘이다. 이제 황대호를 도의원으로 만든 그분들 이야기를 하겠다.

선거운동

여야를 떠나 주민의 삶을 위해 노력하셨던 이제는 하늘의 별이 되신 고 양민숙 의원님의 명복을 빕니다.

가족은 나의 힘

나는 돌이켜보면 말할 수 없는 불효자이며, 말할 수 없는 나쁜 남편이다. 가족이 내 선거운동에 총출동하여 매달렸다. 나는 혼자서 충분히 감당할 수 있다고 했는데 가족의 고집을 꺾지 못했다. 아버지는 몸도 안 좋으신데 내가 걱정돼 가만히 있을 수가 없었다. 아내는 산후조리도 끝나지 않았는데 갓난애를 장모님에게 맡기고 유세장에 나왔다. 황달기가 덜 가신 아내의 부스스한 얼굴을 보면 안타까운 마음에 가슴이 찢어졌다. 어머니도 유세장에 나왔다. 혈소판 감소증으로 평생 고생하신 어머니는 선거가 끝나

선거운동

고 일주일 후에 선거 후유증으로 대중탕에서 쓰러지셨다. 전화위복으로 검사결과 터지기 직전의 뇌혈관 두 개가 발견됐다. 6.13 선거 끝나고 가을 즈음 수술했다. 수술은 녹록지 않았다. 뇌를 10센티 정도 절개하고 수술했다.

"아버지, 어머니, 그리고 내 사랑, 고맙습니다."

독수리 삼 형제 날다

경선과 본선을 치르는 동안 독수리 삼 형제는 용감했다. 삼 형제란 나와 사무장 그리고 회계책임자를 말한다. 두 분의 청년은 각자의 삶에 충실하고 있기에 차마 실명을 밝히지 못하는 점이 아쉽다. 이 지면을 통해 이렇게라도 고마움을 남긴다.

"독수리 삼 형제, 고맙다."

경선 본선 내내 도의원 선거캠프를 세 명이 감당했다. 두 분은 나보다 어린 후배였지만 나를 끝내 지지하고 헌신적으로 도와주었다. 축구부를 같이했고 청년단체에서도 같이 활동했다.

이 지면을 통해 특별한 감사의 말을 전하고 싶은 세 분이 또 있다. 강장봉(전 수원시의회 의장), 염상조(전 율전동 주민자치위원회 회장), 문명식(율전동 지속가능발전협의회 회장)이다. 이분들이 지금의 나를 이끌었고 주민들이 나를 세워주셨기 때문에 당선될 수 있었다.

"고맙습니다."

영어 과외 선생님

대학교 다닐 때 나에게 영어를 가르쳐줬던 과외 선생님이 있다. 토익 토플을 배웠던 것으로 기억한다. 나중에 이야기 들어보면 그분은 두 아이를 기르는 어머니가 됐다. 공식 선거운동이 시작된 며칠 후였다. 아담한 체구에 머리를 수수하게 묶은 어머니가 두 아이의 손을 잡고 사무실로 들어왔다. 그 선생님이 나의 선거캠프 사무실로 찾아왔다. 나는 그분을 까마득히 잊고 있었다. 당원 모집할 때도 그분에게는 연락도 드리지 않았다. 나는 한 번에 알아보지 못했다, 나를 보고 환히 웃으실 때에야 "아, 선생님!" 하고 알아보았다.

선생님은 우리 동네에 살고 있었다. 선거 공보를 보고 알게 되었다고 말했다. 그러면서 선거사무소에서 자원봉사를 하고 싶다고 했다. 아이들이 둘이나 있어서 밖에 나가서 선거를 도와줄 수는 없어도 사무실 안에서 하는 일이라면 뭐든지 돕고 싶다고 하셨다. 나는 순간 당황했다. 물론 나를 도와주는 동네사람 중 유급 선거사무원이 아니라 자원봉사로 도와주시는 분이 많이 있었다. 그분들은 잠깐씩 짬을 내서 도와준다거나 또는 마음으로 응원하고 지지하는 사이였다. 그런데 선생님은 일하는 시간을 제외하고는 모든 시간에 사무실에 나와서 도와주겠다고 했다. 나는 미안해서 선뜻 말을 하지 못했다. 선생님이 내 눈치를 알아차린 모양이었다.

"대호 학생, 부담 갖지 말아요. 나에게 공부 배울 때부터 나는 대호 학생에게 거는 기대가 있었어요. 대호 학생은 반드시 반듯한 정치인이 될 겁니다. 내 마음이 대호 학생을 돕고 싶다고 하네요. 그렇게 하게 두세요."

나는 선생님의 청을 뿌리치지 못했다. 선생님은 자신이 먹을 도시락을 싸서 사무실에 두 아이와 같이 출근하셨다. 자료를 정리하고 전화를 받고 사무실에 오신 손님들에게 차를 대접하고 잔일을 해주셨다.

이런 분들이 나를 도왔다. 나는 결코 스스로 잘나서 도의원이 된 것이 아니었다. 가족들이 동네분들이 나를 도의원으로 만들어 주셨다. 교육 활동을 같이했던 학부모들이 참여를 많이 했다. 내 부족한 부분을 지역주민들이 채워줬다.

나는 행복한 후보였다. 거리 유세를 나가면 물 한 잔, 음료수 한 컵 따라주면서 힘내라고 응원해주셨던 분들이 많이 있었다. 그런 행복한 기억들이 많다. '초심 잃지 마라'며 손을 꼭 잡아주시는 분들도 많았다.

선거운동

"응원해준 분들께 고맙습니다."
'이익 앞에 물러서고 책임 앞에 다가서자'

정치에 입문하고 생긴 나의 좌우명이다. 좌우명에 맞게 시민들에게 신뢰를 주는 정치인이 되고 싶다. 무엇보다 남들이 나를 돌아봤을 때 따뜻한 감성이 있는 사람으로 평가받고 싶다.

"고맙습니다."

조례 제정 MVP

2021년 2월 22일 내가 우려했던 사고가 발생했다. 낮 12시 39분경 경남 산청군 단성면 방목리 도로를 달리던 남양주 FC 축구클럽 전세버스가 중앙선을 넘어 건너편 도로 옆 가로수를 들이받았다. 이 사고로 버스에 타고 있던 축구클럽 중학생 1명이 숨지고 운전기사와 코치, 학생 등 30명이 중경상을 입는 사고가 발생했다. 왜 남양주 축구클럽 학생들이 저 멀리 경남 산청으로까지 전지훈련을 떠나야 했을까? 왜 경기도의 학생들이 가까운 지역 학교와 공공체육시설을 사용하지 못하고 부모님 품을 떠나서 그것도 타지에서 코로나감염을 감수하면서까지 보호받지 못하는 사각지대로 내몰려야 했을까?

남양주 축구클럽 교통사고 희생은 예견된 참사였다. 운전기사비용을 줄여야 해서 코치가 대형버스를 운전해야만 했다. 교육청은 일부 체육 지도자들의 일탈을 문제 삼아 학교를 압박했다. 각 학교의 교장은 감사를 우려하여 학교운동부를 해체해버렸다. 교육청은 성적 지상주의와 만연한 폭력, 무리한 합숙훈련과 엘리트 체육의 고질병 등 학교체육의 문제점을 학교장에게 그 책임과 의무를 떠넘겨버렸고 학교장은 학교운동부를 해체하는 손쉬운 해결책을 제시한 것이다.

그러면 학생선수는 아니지만, 운동하고 싶어 하는 학생들은 어쩌란 말인가? 사설 스포츠클럽으로 몰릴 수밖에 없었다. 그들은 기숙사를 사용할 수도 없고 가까운 학교 운동장과 공공 체육시설을 사용할 수도 없었다. 가까운 도시에는 전지훈련 장소가 없었다. 학부모들은 학생선수의 부모라는 이유로 제대로 된 지원도 받지 못하고 버거운 회비를 부담하며 안전을 보장받을 수 없는 사지로 아이들을 떠나보내야 했다.

체육 지도자들은 노동의 권리도 인정받지 못한 채 매년 고용 불안에 시달리며, 일탈하는 일부 지도자들 때문에 덩달아 범죄자 취급당하는 수모를 감내해야 했다. 훈련장소를 찾지 못한 학생선수들은 외곽의 공장에서, 운동장 구석에서, 돌이 무성한 맹지에서, 혹은 다른 지역을 전전하며 자신의 생명을 담보로 꿈을 키워가야 했다.

스포츠 강대국에서 스포츠 선진국으로 가야 한다고 주장하면서 어느 정부 부처 하나 책임질 수도, 책임질 필요도 없는 사각지대로 학생들을 내몰고 있는 이 현실이 너무 부끄러워 나는 고개를 들 수가 없었다. 그리고 꿈조차 펼치지 못하고 하늘로 간 학생과 이 상처를 가슴에 안고 살아갈 어린 친구들의 슬픔에 가슴이 무너졌다.

그럼 내가 할 수 있는 일은 무엇인가? 경기도의원이 할 수 있는 일은 무엇인가? 마냥 한탄만 하고 교육청과 정부를 원망하고 질책만 하는 것이 도의원이 할 수 있는 일의 전부인가? 나는 조례를 만들기로 했다. 아무도 관심 두지 않는 사회의 구석진 곳에서 고통받는 시민들을 위하여 경기도의회에서 전국 최초로 조례를 만

경기도당 우수 조례상

들기로 했다.

> "경기도의원을 선택하면서 하고 싶었던 목표가 있었어요. 첫 번째는 지방자치법 개정을 통해 자치분권을 이루는 데 경기도의회가 선도적인 역할을 해내는 것이에요. 이는 도민으로 당당한 권리를 가져오는 것이니까요. 두 번째는 교육위 소속인 만큼 학생들과 교원, 교직원, 교육공동체 모두가 행복한 경기교육을 만드는 거예요. 세 번째는 접경 지역인 경기도가 남북교류협력사업의 물꼬를 트는 일이고, 마지막으로 체육인 출신으로서 체육 지도자의 권익향상과 학생선수 육성을 위한 정책을 만드는 것이에요"

도의원으로 당선되고 처음으로 한 언론 인터뷰에서 나는 나의 포부를 밝혔다. 내가 도의원으로 이루고자 하는 모든 것은 먼저 조례를 만드는 것이었다. 내가 대표 발의해 전국 최초로 제정된 몇 가지 제정 조례가 있다. 그것은 전국 최초라는 단순한 의미로서가 아니라 경기도의 조례가 전국 모든 지자체의 모범이 되었다는 점과 역으로 국회에서 경기도의회의 조례를 인용하는 사례도 생겼다는 것이다. 그러나 중요한 점은 오로지 시민들의 공청회와 시민들의 소통을 통해서 문제점을 확인했고 거기서 어떻게 개선 방향에 대한 목소리를 듣고 그것을 조례 내용에 그대로 담았다는 점이다.

현장 밀착 조례

    내가 의정활동을 하면서 가장 주안점으로 둔 부분이 있다면 모든 정책과 방향이 현장 중심이어야 한다는 점이다. 도의원의 역할은 도민의 목소리와 현장에서 드러나는 문제점을 조정하고, 중재자 역할을 해야 한다. 나는 갈등이 첨예하게 대립하는 자리, 있어봤자 본전도 못 찾는 자리도 스스럼없이 내가 다가가 조정해야 한다고 생각했다. 2021년에 '일월초 아파트 옹벽 문제'가 있었다. 내가 지역주민들과 학교 관계자들 사이에 중재를 나섰다. 나는 중간에 욕을 먹는 경우가 있어도 끈기 있게 인내하고 중재했다. 그렇게 결국 해결했다.

    전투기 소음 피해 관련 부분도 그렇다. 나는 내 눈으로 직접 현장을 확인해야만 했다. 관내의 모든 학교를 직접 방문했다. 소음 때문에 교육환경이 무너진 장면을 직접 목격하기도 했다. 전투기 소음으로 아이들의 일상이 무너졌다. 거기 가고 싶어서 간 것도 아닌데 아이들이 전투기 소음을 들으며 고통을 받는 것이 안타까웠다. 그래서 토론회에 세 번을 나갔다. 그 주민들이 고통받은 내용이 조례에 그대로 반영됐다. 의정활동을 하면서 느꼈던 보람은 그런 부분이다. 주민과 하나하나 소통하면서 문제를 해결해 나가는 성취감 말이다.

일월초 옹벽 문제 해결

교육 개혁이 살 길이다

우리나라 교육은 사실 한 번에 쉽게 해결될 문제는 아니다. 하지만 중요한 원칙, 방향은 잡혀져야 한다고 생각한다. 지금의 학력 중심 사회나 입시로 내몰린 과도한 경쟁 구조를 개혁해 학생들이 좋아하고, 행복하고, 가슴 설레는 그런 진로와 탐구를 할 수 있도록 공교육에서 보호하고 육성해주는 것, 이것이 우리 교육의 기본 방향이어야 한다고 생각한다. 지금 우리나라의 교육 현실은 암담하다. 문재인 정부에서도 이 문제는 해결의 실마리를 잡지 못했다.

대학 진학이 성공의 지름길로 인식되는 시대는 이미 지났다. 2016년 OECD 통계에 따르면 우리나라의 고등교육 이수율은 70.0%로 독일 30.5%, 미국 47.5%, 영국 52.0% 등 OECD 평균인 43.1%를 압도적으로 상회하고 있다. 이 같은 높은 대학 진학률로 인해 현재 우리 사회는 지나친 대졸자 취업 경쟁을 겪고 있으며, 이로 인해 처음 취업을 하는 연령대도 해마다 높아져 OECD 평균보다 3.5세나 높은 실정이다. 과잉 학력에 따른 노동시장 진출 지연의 기회비용만도 연간 19조 원에 이르고, 더욱이 입시 사교육비로 인한 기회비용은 39조 원에 달하고 있다.

더 큰 문제는 과잉 학력으로 인해 사회진출 연령층이 높아짐에 따라 청년의 사회적 자립 시기도 덩달아 늦어져 혼인 기피, 출산 기피라는 사회현상으로 파생되고 있다는 사실이다. 이는 결국 우리가 어떠한 청년지원 정책을 취한다 해도 근본적으로 과잉 학력 문제를 극복하지 못하면 백약이 무효일 수밖에 없는 이유인 것이다. 하지만 이 같은 지적에도 우리 사회의 막연한 진학 열풍은 사라지지 않고 있다.

'대학의 자율성 보장'이라는 주장은 이제 접어야 한다. 대한민국 학생들이 자유롭게 활동하며 성장할 기회를 대학입학으로 제한하는 교육제도 앞에서 어린 학생들이 성장하여 이 사회에서 어떠한 역할을 할 것이며, 무엇을 이룰 수 있는지를 따져본다면 오히려 간단한 일일 수도 있다.

고졸자에 대한 부정적 인식과 고졸 취업자를 저임금 노동자로만 인식하는 열악한 노동환경에서 학생들은 제대로 된 직업교육도 받지 못하는 가운데 대학 진학에만 함몰되고 있다. 학력이 곧 그 사람의 재능을 대변하지 않는다. 심지어 학력과 재능이 반비

례하는 경우가 더 많음을 우리는 경험을 통해 잘 알고 있다.

이런 점에서 경기도의 교육정책은 그 방향을 제대로 잡고 있는지 걱정이 된다. 지금 당장 서울시랑 비교해봐도, 경기도교육청 직업교육예산이 650억인데, 서울시가 770억이다. 110억 정도가 차이가 나고, 또 이걸 1인당 지원 금액으로 환산해보면 58만 원이 적은 수준이다. 그리고 또 특성화고 학생들은 1만 8천 명으로 서울시보다 5천 명 정도가 많은데, 한 2.5배가량인데도 지원 인력을 보면 경기도가 5명에 불과하다. 서울시의 경우 본청 인원이 9명

진로교육 특강 율전초

이다. 경기도는 지원 인력도 부족하고, 예산도 부족하고, 학생당 지원되는 교육비도 부족한 상황이다.

교육개혁의 근본적인 해결책은 아니지만, 나는 경기도의원으로서 실현 가능한 몇 가지 제안을 했으며, 조례에 반영하였다. **첫째, 고등학교 졸업자 취업 지원과 둘째, 특성화고 및 도제학교에 대한 지원 확대와 셋째, 직업교육 활성화이다.**

1. 수원지역 특성화 고등학교의 경우, 대부분 취업률이 50%대를 웃돌고 있다. 전국적인 명문으로 올라선 하이텍고의 경우는 취업률이 95%가 넘어 주목받고 있다. 그러나 이것은 예외적인 현상이다. 고졸 취업자 비중은 날로 악화하고 있다. 따라서 먼저 공공부문에서 모범을 보여야 할 것이다.

나는 "경기도 고등학교 졸업자 취업 지원 조례"를 제정하였다. 조례의 주요 내용에는 경기도 산하 공공기관들이 고등학교 졸업자를 현행 5% 채용에서 20% 채용으로 상향하는 내용을 담았다. 정부 역시 범정부 차원에서 공공기관에 대한 '고졸 채용 목표제'를 도입해 확대해 나가고 있는 만큼 나는 이 조례가 학력 중심 사회구조 타파에 조금이라도 영향력을 미칠 것으로 본다.

2. 공공부문보다 중요한 것은 민간에서 양질의 고졸 일자리를 만드는 것이다. 지방정부와 지역 기업이 협력해 일자리를 만드는

방안이 모색돼야 한다. 좋은 사례로 오산시의 경우, 주변에 들어서는 반도체 기업 등과 연계한 AI 특구 조성을 추진하고 있다. 과잉 학력으로 인한 사회적인 부작용을 해소하기 위해서는 지역 특성화고에 대한 지원을 대폭 확대하는 것이 필요하다. 이를 위해 교육감 그리고 시장 군수 및 도내 기업체들과 함께 지역혁신 직업교육 협의체 구성에 나서야 한다. 지역의 인재는 지역에서 키우고 정착시켜 지역에서 취업하게 만들어야 한다.

특성화고에 대한 지원의 방편으로 도제학교를 들 수 있다. 예를 들면 수원시와 경기도교육청이 산업단지 내에 설립한 도제학교는 지역 내에 특성화고 학생들을 대상으로 만든 직업 교육기관이다. 학생들에겐 3D 프린터 등 일선 학교들이 갖추기 힘든 고가의 첨단 장비를 직접 다뤄 볼 기회를 제공한다.

내가 만나 본 정경호(도제학교 수강생) 학생은 "학교에선 시험 위주로 배우는데 이런 수업을 받으면 보는 눈도 넓어지고, 첨단기기도 되게 쉽고 배우면 다 할 수 있다는 생각이 들어요"라고 도제학교를 평가했다. 도제학교는 드론이나 코딩 등 다양한 분야의 신기술을 익히고 취업으로 바로 연결될 수 있도록 전문 교과 과정도 제공하고 있으니 일거양득이라 할 것이다.

3. 전국 최초로 제정된 직업교육 활성화 조례에는 직업계고의

활성화를 위한 계획수립을 25개 교육지원청에 교육장의 권한을 가지고 의무적으로 시행하게끔 못 박았다는 게 핵심이다. 사실 직업교육 하면 예전의 공고, 실업고, 상업고인데 학업에 대한 결손이 있거나, 부진하거나, 부적응 학생이 가는 거 아니냐고 하는데, 요즘은 오히려 합격 평균이 보통 일반계보다 훨씬 더 높을 정도로 높은 수준을 자랑하고 있다. 또 4차 산업혁명 시대라든가 포스트 코로나에 바뀌는 여러 가지 산업의 중심에 직업계고 학생들

직업계고 학생 취업 활성화

이 있다. 아직도 그런 부정적인 인식들이 있어서 직업계고가 학생을 유치하는 데 굉장히 어려움을 겪는 실정이다.

역량 중심의 사회를 위한 핵심원동력은 직업교육이다. 공교육에서 모든 걸 소화할 수 없다. 꼭 대학에 진학해야 한다는 틀을 깨기 위해서는, 직업교육이 활성화돼야 한다고 보고, 그 교육을 중학교 때부터 확대해야 한다. 그게 핵심이다. 고등학교에만 초점이 맞춰져 있는데, 내가 뭘 잘하고 어떤 역량을 발휘할 수 있는지에 대한 탐구를 중학교 때부터 시작해서, 고등학교 때는 정말 내가 살아갈 삶의 역량을 키울 수 있는 그런 교육과정으로 재편해야 한다. 교육 지원과 예산에 앞서 교육과정을 큰 틀에서 확대하는 것이 바람직하다.

현재 코로나 19로 인해 소득 격차가 학력 격차로 이어지고 있다. 원격수업이나 여러 가지 환경들이 발생하면서 부를 축적하고 정보를 축적하는 데 유리한 사람들이 계속 학력 격차를 벌려가고 있다. 이에 대한 유일한 대안은 물론 여러 가지 지원도 있겠지만 나는 직업교육 활성화라고 본다. 근본적으로 내가 원하는 삶을 선택해서 내가 정말 잘하는 걸 찾아주는 그런 시스템이 중요하다.

우리나라 교육이 지향해야 할 방향은 진로·직업 탐구를 통한 학생 스스로 꿈 찾기와 각자의 능력 발휘를 통한 행복한 삶 설계에 있다고 본다.

스포츠 복지국가의 길

"며칠 전 도쿄올림픽 여성 사이클 개인 도로 부문에서 오스트리아 수학박사가 우승을 차지했습니다. 캐나다에서는 전기회사 엔지니어가 사격선수로 출전했습니다. 우리나라에서는 좀처럼 보기 어려운 장면들입니다. 아마추어인 평범한 시민들이 승패를 떠나 직접 올림픽 경기에 참여할 수 있는 것은 스포츠 기본권을 광범위하게 보장하는 사회적 분위기와 제도가 마련돼 있기 때문입니다. 오랜 기간 생활체육의 저변을 넓고 깊게 만들어온 것입니다.

우리나라도 마침 오늘 국무회의에서 '스포츠 기본법'이 공포됐습니다. 누구나 국적, 성별, 신분, 경제 상황이나 신체조건 등에 대한 차별 없이 스포츠에 참여할 수 있는 기본권을 보장한 법입니다. 저소득층과 취약계층에 대한 체육 활동 지원의 법적 근거를 만들었다는 점에서 큰 의미가 있습니다. 반가운 일입니다.

모든 국민은 건강한 삶을 영위할 권리가 있고 정부는 이를 지원할 책임이 있습니다. 기본법을 계기로 전문 선수들은 물론이고, 아직은 시설과 자원이 부족한 생활체육에도 체계적인 지원이 이뤄지도록 저도 노력하겠습니다."

[출처] 2021. 8. 3. 이재명 블로그

"모든 국민은 건강한 삶을 영위할 권리가 있고 정부는 이를 지원할 책임이 있다."

새로운 스포츠 기본법은 모든 국민의 인권과 복지적 관점에서 스포츠 이념과 가치를 명시하고 있다. 시민의 스포츠 권리와 양성평등을 보장하고 체육 단체의 다양성과 민주성, 자율성을 지원하는 것이 국가의 책임이며, 체육 단체까지 포함하여 지속 가능한 스포츠 문화의 생태계를 만드는 것이 스포츠 기본법의 목표라고 설명하였다.

나의 삶에서 큰 부분을 차지했던 스포츠를 생각하면 여러 생각이 스친다. 사실 스포츠는 건강한 삶을 영위하려는 인간의 기본권이다. 나아가 현대 사회에서 스포츠는 막대한 경제 가치를 창출하는 문화 산업 영역으로 떠올랐다. 스포츠는 건강권처럼 국민이 당연히 누려야 할 기본권이다. 규칙을 준수하고 팀워크를 기르며 상대를 배려하고 공정한 경쟁을 추구하는 스포츠맨십은 그동안 물질적 압축 성장을 이뤄내느라 우리가 잊고 있었던 중요한 사회 윤리이자 공동체를 구성하는 시민의 덕목이다.

대한민국의 엘리트 체육은 1961년 국가 주도 체육 육성 정책에 따라 "체육은 국력"이란 구호 아래, 정부 주도의 체육진흥계획으로 추진되었다. 몹시 가난했던 그 시절 국가 차원에서 대외적인 국가홍보의 수단으로, 국민통합의 목적으로 학교마다 특정 운동부를 집중적으로 육성했다. 그 결과 올림픽, 월드컵 등 국제대회에서 좋은 성적을 거두어 대한민국 스포츠 발전과 가치 창출에 긍정적 영향을 미쳤으며 내가 태어나고 자란 수원에도 박지성과 정현 같은 스포츠 스타가 배출되어 지역사회에 큰 희망을 주었다.

그러나 우리나라 스포츠계는 엘리트 선수 육성과 목표달성의 강박 때문에 전반적인 시스템의 정비 없이 부피만 급속도로 팽창해왔고 현재 생활체육과 통합되는 과정에서 많은 진통을 겪고 있는 것이 사실이다. 이제는 패러다임 전환이 필요하다. 지금까지 대한민국 스포츠는 정부와 기업의 집중적인 지원을 받아 경제처럼 압축 성장했다. 현재 시스템에는 명과 암이 교차하고 있다. 스포츠는 국민이 직접 참여하거나 관람함으로써 국민의 건강과 행

대한축구협회 어워즈 감사패

복을 증진하는 한편 산업이라는 측면에서 경제적 가치를 창출하는 '착한 산업'이다.

나는 축구선수 출신으로 학업과 선수 생활을 병행할 수 있었던 2002년 월드컵 세대다. 은퇴 후 여러 가지 경험을 해보면서 뼈저리게 느낀 점이 있다. 대한민국의 스포츠가 질적으로 한 번 더 도약하려면 혁신적인 학교체육 정책의 자리매김이 필요하다는 것이다.

여기서 학교체육 정책의 자리매김이란 근본적인 사회적/문화적/행정적 제도와 인식의 전환을 의미한다. 그런 면에서 지역밀착형 클럽 스포츠와 학교운동부의 시너지를 창출해낼 수 있는 학교체육 정책은 추후 스포츠 산업 분야의 신성장 동력으로 사회적 자본을 축적하는 촉진제 역할을 할 것이다. 특히 운동지도자들의 안정적인 고용환경에서 오는 역량개발은 학생선수와 도민들에게 양질의 서비스로 돌아가게 될 것이다. 이 부분은 스포츠가 단순히 승패를 가르는 경기를 떠나 시민들의 삶에 스며들어 문화로써 자리 잡는 데 필수적인 요소다. 이제 젊은 세대들은 선진국 수준의 스포츠에 대한 욕구와 문화가 있다. 하지만 현재 경기도의 학교체육 정책은 현장경험이 없는 기성세대에 의해 운영되는 상황이다.

학교체육에서 선행되어야 할 개선점은 '공부하는 운동선수'가 아니라 '운동하지 않는 학생'에 있다. 과도한 공부 경쟁에 내몰리고, 인터넷 게임으로 스트레스를 푸는 우리 학생들의 몸이 망가지고 있다. 그런데 이 문제를 책임지고 해결할 주체들이 손을 놓고 있으니 답답할 따름이다. 학교체육의 문제는 스포츠, 즉 신체적 활동의 자율성을 제한하는 정부 교육정책에 있다고 할 수 있으며, 이는 일종의 기본권 침해이자 교육 현장에서 헌법을 위반하는 것이라 할 수 있다.

나는 지난 도의원 임기 동안에 스포츠 복지국가의 꿈을 경기도에 실현하기 위하여 크게 세 가지 방향에서 일해 왔고 나름 큰 성과가 있었다고 생각한다. **첫째, 학교 스포츠 비리의 근본적인 대책을 마련하기 위하여 부단히 노력했다. 둘째, 학생 스포츠 활동 활성화에 힘을 기울였다. 셋째, 경기도형 스포츠 뉴딜 프로젝트에 주력했다.**

1. 학생선수들이 학교운동부를 둘러싼 고질적 관행, 소위 4대 범죄라 할 수 있는 성폭력, 폭행, 협박, 진학과 출전을 빌미로 한 금품수수 등에서 벗어나 이제는 학업과 운동을 병행하며 본인의 적성에 맞는 진로를 개척할 수 있는 기본 토양을 반드시 만들어가야 한다.

실제 사례 A는 지난 2016년 도내 한 중학교에서 성폭력 비리로 코치직에서 해임됐는데도, 다음 해에 버젓이 인접 도시의 지역 시민구단으로 자리를 옮겨 트레이너로 재직하고, 지금은 충청도 지역의 한 학교에서 아이들의 코치로 활동하고 있다.

실제 사례 B는 타 시도 학교운동부에서 부당행위로 자진사퇴했던 코치로 현재 도내 학교운동부에서 지도자로 재직하고 있다. 즉 사례 A, 사례 B 모두 경기도만 벗어나거나 혹은 경기도로 전입하면 타 시도에서 벌어진 일탈 행위는 아무런 제재 없이 버젓이 활동할 수 있는 상황인 것이다.

실제 사례 도내 한 고교 운동부 감독였던 C는 불법 찬조금 수령으로 감독에서 해임됐음에도 불구하고, 자신의 감독 시절 코치를 앞세워 대학 진학을 빌미로 여전히 실권을 행사하고 있다.

실제 사례 도내 학교운동부 감독이었던 D는 부당행위로 징계

체육계비리

를 받아 자진사퇴했으나, 이후 스스로 지역클럽팀을 창단하여 여전히 학생을 대상으로 지도자 활동을 하고 있다.

　이상의 4가지의 실제 사례가 여전히 체육계에 만연되어온 이유는 범죄를 저지른 운동부 지도자가 실형을 선고받지 않으면 기록이 남지 않아 조회가 어렵고, 또 징계를 받기 전 자진사퇴를 하면 더 문제 삼지 않는 관행이 지금까지 존속했기 때문이다. 이 때문에 경기도의 학교에서 문제를 일으켰어도 다른 시도의 학교로 건너가 아이들을 지도하거나 또 학교가 아니면 직장운동부나 협회로 취업해 아이들을 지도하는 악순환이 계속되고 있다.

　경기도교육청과 경기도, 경기도체육회가 상시협력체계를 구축하여 다시는 비리 지도자가 학생을 만나는 일이 없도록 제도개선을 해야 한다. 형식적인 전수조사와 대안 없는 엘리트 체육 폐지가 근본적인 해결책이 될 수 없다. 이번 기회에 클럽 스포츠와 엘리트 체육을 모두 담아낼 수 있는 시스템을 만들지 못하면 또 다른 학생선수들의 피해를 막을 수 없다.

　2. 나는 남양주 FC 축구클럽 버스 교통사고 사망 사건 직후 학교운동부 해체와 대안 없는 클럽 스포츠 정책으로 방치되고 꿈을 접어야 한 미래의 스포츠 선수들, 오히려 무법적 상황에 노출된 학생들의 비참한 현실을 직시하면서 교육청의 무책임을 강하게 질타하였다. 그러나 질타만으로 부족하다고 느끼고 즉각 조례

제정에 나섰다.

  학생선수들의 학습권과 인권은 무엇보다 중요하다. 하지만 학교체육과 생활체육이 통합되고 있는 이 과도기에 경기도 학교체육 정책은 현장의 고충을 충분히 담아내지 못하고 있다. 경기도교육청에서는 학교운동부와 더불어 'G-스포츠클럽'을 통해 학생 누구나 즐길 수 있는 학교체육 정책을 추진하고 있지만, 안전과 공공성이 확보되지 않은 사설 스포츠클럽에서 활동하는 학생들은 안전관리의 사각지대, 각종 범죄의 대상이 되는 등 큰 맹점이 있음을 지적했다.

  조례에는 학교운동부 및 공공스포츠클럽 등 스포츠 활동이 학생들의 내적 심리 및 사회적 발달에 긍정적 영향을 주고 있으며, 스포츠를 통한 신체적, 정신적, 사회적 발달이 학생들의 전인적 성장을 이끌어갈 수 있다는 스포츠 가치에 대한 믿음을 확실하게 명시했다. 그래서 경기도 내 총 622개교, 772팀이 운영되고 있는 '학교운동부', 2021년 현재 28개 시군에서 운영되고 있는 102개 'G-스포츠클럽'과 30개 시군 1,600개소에서 운영되고 있는 '마을과 함께 하는 초등스포츠클럽' 등 공공스포츠클럽에 참여하는 학생 모두 교육감, 교육청의 책임하에 안전한 활동을 지원받도록 법적 근거를 확립했다. 다시는 사설 스포츠클럽이라고 하여 사각지대에 내몰리고 학생들의 스포츠 활동이 위축되는 일이 없게 하였다.

조례의 주요 내용은 제3조에 교육감의 책무로 학생스포츠 활동 지원을 통해 학생들의 전인적 발달과 다양한 진로 · 직업 탐색의 기회를 제공하도록 규정하고, 제5조에서 ▶학생선수와 공공스포츠클럽 소속 학생의 수업, 진로상담 등 교육지원 ▶학교운동부 지도자의 인권 보호 및 지위 향상 ▶학교운동부 및 공공스포

스포츠클럽 활성화

츠클럽 지원 등 사항을 담은 지원계획을 매년 수립, 시행하도록 했다. 그리고 제6조에서 학생선수들이 훈련할 장소를 구하는 데 어려움을 겪지 않고 안전한 스포츠 활동이 이루어질 수 있도록 교육감과 교육장, 학교장의 적극적인 시설물 개방 및 활용을 규정했다. 제7조에서는 도내 25개 교육지원청마다 학생스포츠 활동 지원위원회를 구성, 운영하도록 명시했다.

3. 나는 코로나 19로 생계에 어려움을 겪는 도내 체육계의 위기 극복을 위한 체육인 생계지원과 비대면 스포츠 산업 확대, 스포츠 혁신 등을 골자로 한 '경기도형 스포츠 뉴딜 프로젝트'를 구상하고, 이재명 도지사에게 정책 제안을 전달했다. 당시 경기도에서는 코로나 19로 6개월 이상 장기침체를 겪고 있는 문화예술 산업의 재활을 위해 105억 원 규모의 '경기도형 문화 뉴딜사업'을 실시했지만, 마찬가지로 큰 어려움을 겪고 있는 도내 체육공동체들에 대해서는 무관심한 태도를 보였다. 사실 생계에 어려움을 겪고 있는 도내 체육계 종사자들의 수에 비하면 정책 제안한 20억 원의 스포츠 뉴딜 프로젝트 사업예산은 턱없이 부족한 금액이었다.

"'경기도형 스포츠 뉴딜 프로젝트'는 도내 체육계에 대한 생계·방역지원과 비대면 스포츠 콘텐츠 발굴, 스포츠 혁신이라는 3

가지의 큰 틀에서 총 20억 원 규모, 7개 세부사업으로 구상했다.

먼저 '체육계 생계·방역 지원 분야'는 계속된 사회적 거리두기 강화로 인해 체육시설 운영에 난항을 겪고 있는 ▲도내 민간체육시설업자에 대한 사업 지원 5억 원 ▲코로나 19로 일자리를 잃은 체육계 종사자들에 대한 단기 일자리 제공 10억 원 ▲경기도체육회 가맹단체에 대한 방역 지원 4억 원 등 3개 항목을 세부사업으로 구상했다. 특히 체육인 단기 일자리 제공 사업은 도 및 도 산하 공공기관을 통해 도내 각 시·군의 공공시설 환경정비 등 1개월 이내 단기 일자리를 모집하고, 이를 생계지원이 필요한 체육계 종사자들에게 제공하는 것으로, 지난 9월 광주광역시 도시공사에서 실시한 '프리랜서 강사 가계 지원 사업'을 경기도에 도입하고자 제안한 것이다. 이를 벤치마킹해 코로나 19로 일자리를 잃고 생계에 어려움을 겪는 도내 체육계 종사자 500명을 대상으로 1인당 200만 원가량 생활비 지원이 가능한 단기 일자리를 제공하고자 했다.

'비대면 스포츠 콘텐츠 발굴 분야'는 언택트(비대면) 문화 확산에 따른 스포츠 원격지도 시장 판로 확보와 비대면 스포츠 산업 확대를 통해 포스트 코로나 시대에 대응한 새로운 먹거리 산업을 개척하고자 하는 것으로 ▲스포츠 원격지도 콘텐츠 개발을 꿈꾸는 사업자 대상 교육·훈련지원 5000만 원 ▲사업자 교육·훈련기관 모집 및 운영지원 2500만 원 ▲자체 콘텐츠 개발자를 대상으로 한 콘텐츠 제작 지원 2500만 원 등 3개 세부사업으로 구상했다.

　마지막으로 '스포츠 혁신 분야'는 최근 발생한 故 최숙현 선수 사건 등 끊이지 않는 체육계 비위와 병폐를 혁신하고 스포츠 자치분권 시대를 도모하기 위한 것으로, 그동안 스포츠 혁신을 위해 지역체육회의 자치운영권 강화와 체육부 신설을 대안으로 제시해온 나는 체육 분야 전문가들과 관련 공직자, 지역 정치인 등 다양한 인사들로 '스포츠 혁신위원회'를 구성하고 이를 상설 개최하여 도내 체육시스템 개선 방안 마련에 나서줄 것을 제안했다.

이재명 전 경기지사와 함께한 스포츠뉴딜

4

황대호,
월드컵 우승을
목표로

나는 오바마에게서 배웠다. 혐오가 아닌 희망의 정치를, 갈등이 아닌 통합의 정치를 말이다. 정치인이 정치와 민주주의를 부정하면서 자기존재를 확인하고, 정치혐오를 통해 지지를 모으는 순간 그 반사이익은 기득권과 중앙세력 그리고 거대자본이 철저히 누려왔다는 걸 우리는 역사를 통해 배우지 않았던가? 물론 정치가 모든 사회문제를 해결할 수 없다. 하지만 진보든 보수든 우리 역사가 간신히 지켜온 민주주의라는 토대 위에서 펼치는 공정한 경쟁을 보장하는 것, 그리하여 민주 시민의 승리를 일구어내는 일에 내 정치 인생의 본령이 있다고 나는 믿는다. 그 승리로 가는 좁은 오솔길을 정치가 낼 수 있다고 나는 확신하기 때문이다.

담대한 희망

나는 모든 전쟁에 반대하지는 않은 사람으로서 이 자리에 나왔다. 남북전쟁은 가장 잔인한 전쟁 가운데 하나였지만, 무력으로 인한 시련과 수많은 인명의 희생을 통해 이 나라를 완성했고 이 땅에서 노예제도라는 사회적 악을 철폐할 수 있었다. 내가 모든 전쟁에 반대하는 것은 아니다. 나의 할아버지는 진주만이 습격당한 다음 날 입대해 패튼 장군의 군단에서 싸웠다. 할아버지는 좀 더 많은 사람들의 자유를 위해 싸웠고, 그것이야말로 민주주의가 악과 대항하여 승리하도록 해주는 힘의 원천이라고 믿었다.

나는 모든 전쟁에 반대하지는 않는다. 9월 11일, 그 처참한 죽음과 폐허 그리고 그 숱한 먼지와 눈물을 목격했고, 이교도에게는 무자비해도 좋다는 미명 아래 무고한 사람들을 살육한 자들을 끝까지 추적하여 색출하겠다는 정부의 약속을 지지했으며, 그런 비극이 다시 일어나지 않도록 하기 위해서라면 기꺼이 내 손에 무기를 들 것이다.

나는 모든 전쟁에 반대하지 않는다. 내가 반대하는 건 어리석은 전쟁이다. 내가 반대하는 건 경솔한 전쟁이다. 내가 반대하는 건 탁상공론에만 열중하는 이 정부의 몇몇 인사들이 인명 손실이나 시민의 고통에 대해 고려도 하지 않고 자기들의 이면을 위한 정책만을 우리에게 강요하는 것에 대해서다.

내가 반대하는 건 정치꾼들이 무보험자 증가, 빈곤율 증대, 중산층 몰락, 그리고 대규모 기업 추문들과 대공황 이래 최악의 수준으로 떨어진 주식시장 등의 문제로부터 시민의 관심을 다른 곳으로 돌리려는 책략에 대해서다. 내가 반대하는 것은 바로 이런 것이다. 어리석은 전쟁, 경솔한 전쟁, 이성이 아닌 감정에 근거한 전쟁, 원칙이 아닌 정치 술수에 근거한 전쟁 말이다.

나는 모든 전쟁에 반대하는 것이 아니다. 그래서 이들에게 좀 더 공정하고 안전한 세상을 갖게 해주고자 우리는 대통령에게 확실한 메시지를 전달하고자 한다.

부시 대통령은 싸우길 원하는가? 우리가 진정으로 싸워야 할 일은 핵확산금지조약을 적극적으로 시행하는 일이다.

(...)

부시 대통령은 전쟁을 원하는가? 우리가 진정으로 싸워야 할 것은, 소위 우리의 동맹국이라고 하는 사우디아라비아와 이집트가 국민들에게 압제를 가하고, 이의 제기를 억압하고, 부패와 불평등을 허용하고, 경제 파탄을 불러와 자국의 청소년들이 교육받지 못하게 하고 미래에 대한 꿈과 희망도 없이 자라나 테러 조직에 손쉽게 가담하게 만드는 상황을 막는 데 있다.

부시 대통령은 전쟁을 원하는가? 그렇다면 엑슨모빌 사의 이익만을 보장하는 것이 아닌, 새로운 에너지 정책을 통해 중동의 석유로부터 벗어나게 하자. 우리가 싸워야 할 대상은 바로 그런 것들이다. 무지와 편협, 부패와 탐욕, 빈곤과 절망과의 전쟁, 우리가 기꺼이 가담하고자 하는 전투는 바로 이것이다.

〈버락 오바마 연설문〉 중에서

오바마

오바마. 희망과 통합의 정치

내가 가장 존경하고 닮고 싶은 정치인은 오바마이다. 기본적으로 정치가 인간 사회의 모든 문제를 다 해결할 수는 없다. 그럼에도 불구하고 정치가 희망이다고 나는 생각한다. 정치가 국민에게 질타받고 신뢰를 잃는 혐오의 대상이 아니라, '정치를 통해서 우리 삶이 바뀌었구나,' '정말 정치 참여를 잘했구나,' 하는 성공과 확신을 심어준 정치인이 오바마이다. 정치를 혐오에서 희망이라는 이미지로 바꿔줄 수 있다는 것을 나는 오바마의 정치를 통해서 보았다.

오바마가 퇴임식 때 자랑스럽게 임기 중 해왔던 성취들을 국민과 함께 나누면서 기립박수를 받는 모습을 보았다. 우리 세대가 해야 할 정치는 그런 정치다. 분열과 대립이 아니라 연대하고 통합시키고 더 나은 대안과 정책을 서로 대결하면서 국민의 승리를 위한 그런 정치를 해야 한다. 오바마는 필라델피아에서 다음과 같이 연설한다.

'우리 미국인은, 보다 완전한 통합(a more perfect union)을 위하여.'

"221년 전, 길 건너편 회관에 모인 한 무리의 사람들은 이 단순한 말로, 불가능해 보이는 민주주의 실험을 시작했습니다. 농부와 학자, 정치가와 애국자 등 폭정과 처형을 피해 바다를 건너온 이들이 1787년 봄 필라델피아에서 진정한 독립을 선언한 것입니다."

반정치주의를 반대한다.

나는 오바마에게서 배웠다. 혐오가 아닌 희망의 정치를 갈등이 아닌 통합의 정치를 말이다. 정치인이 정치와 민주주의를 부정하면서 자기존재를 확인하고, 정치혐오를 통해 지지를 모으는 순간 그 반사이익은 기득권과 중앙세력 그리고 거대자본이 철저히 누려왔다는 걸 우리는 역사를 통해 배우지 않았던가? 물론 정치가 모든 사회문제를 해결할 수 없다. 하지만 진보든 보수든 우리 역사가 간신히 지켜온 민주주의라는 토대 위에서 펼치는 공정한 경쟁을 보장하는 것, 그리하여 민주 시민의 승리를 일구어내는 일에 내 정치 인생의 본령이 있다고 나는 믿는다. 그 승리로 가는 좁은 오솔길을 정치가 낼 수 있다고 나는 확신하기 때문이다.

주민소환제는 지방자치단체장이나 지방의원 등 선출직 공무원에게 문제가 있을 때 임기 중 주민투표를 통해 해직시킬 수 있는 주민참여제도다. 선거 이후에도 헌법이 보장하는 주권을 행사하고, 권력을 견제하며, 시민의 정치참여를 독려하겠다는 이 법의 취지에 적극 찬성한다. 하지만 제도를 악용하는 어리석은 주민소환제는 진심을 담아 반대한다. 깨어 있는 시민들조차 지금까지 쌓아온 민주주의 본질을 심각하게 왜곡할 수 있기 때문이다. 우리는 이미 민주주의가 부정당한 독재정권을 뼈저리게 경험하지 않았던가? 현재 주민소환제는 좋은 취지와는 달리 법률상 주민소환 사유와 범위를 명확히 규정할 수가 없다. 최근 주민소환이 진행되었던 단체장은 김성기 가평군수, 이재준 고양시장, 김종천 과천시장, 안승남 구리시장, 엄태준 이천시장 등 5명이다. 대부분은 서명청구인수 미달로 접수조차 되지 못했고 그나마 투표가 진행되었던 과천시는 투표율이 적어 개표조차 진행되지 못했다.

나는 이런 어리석은 주민소환제를 반대한다. 다른 말로 반정치주의를 경계한다. 49 대 51로 선출되는 것이 민주주의고 어떤 정책이든 3분의 2가 찬성하고 3분의 1이 반대할 수 있는 것이다. 이견과 갈등 그리고 조정과 타협은 민주주의에서 지극히 자연스러운 것이다. 현재 시민의 권한을 위임받아 집행부를 견제, 감시하는 지방의회라는 제도적 장치를 통해 얼마든지 시민의 참여와 주권행사가 가능하다. 하지만 어리석은 주민소환제가 과반수찬성이라는 민주주의의 대전제까지 침범하게 된다면 시민의 투표로 결정된 지방의회와 지방정부를 무력화시키고 동시에 무분별한 정치혐오만 증폭시킬 뿐이다. 이 갈등비용은 오롯이 시민의 몫이 된다.

청년이 희망이다

'쓰레기는 어디로 가는가?'라는 부제가 붙은 〈쓰레기 책〉은 쓰레기를 찾아 떠난 1만 7000시간의 기록을 책으로 엮었다. 〈쓰레기 책〉은 이동학이 세계여행을 떠났다가 목격하게 된 쓰레기 문제를 생생한 사진과 함께 쉽게 풀어낸 책이다. 이동학도 지구 유랑을 떠나기 전까지는 쓰레기 문제의 심각성을 잘 몰랐다. 분리수거는 잘하고 있다고 할 수 있겠지만 정작 분리수거된 쓰레기는 어디로 가는 것일까?

사실 우리는 쓰레기가 어디로 가는지에 관심이 없다. 그저 '알아서 잘 처리하겠지' 하고 무심코 생각할 뿐이다. 하지만 당장 수도권 매립지만 해도 5년이 지나면 더는 쓰레기 매립 공간이 남지 않는다. 그런데 내 일상은 어떤가? 배달, 택배, 테이크 아웃…, 나는 매일 24시간 쓰레기를 만들고 있다. 그런데도 이렇게 쓰레기가 많이 쌓이고 있다는 걸 왜 몰랐던 걸까? 그저 내 눈앞에서만 사라졌을 뿐 쓰레기는 사라지지 않았다. 그리고 언젠가 다시 우리 몸속으로 돌아올 것이다.

이동학은 13살에 군인이었던 아버지를 일찍 여의고 10대 청소년기를 아르바이트와 태권도 선수로 보냈다. 그리고 19살에 실업계고 학생회장에 당선되어 두발 자율화 운동을 주도하면서 우리 사회의 모순을 보게 되었다. 22살에 해병대를 전역한 뒤 노점상을 하다 세상을 바꾸고자 20대 초반 정치에 뛰어들어 국회의원 선거에 세 번 도전했고, 당내 전국청년위원장 선거에도 두 번 도전했으나 모두 떨어졌다. 34살에 더불어민주당에서 혁신위원을 지냈다. 2021년 5월부터 더불어민주당 최고위원이다.

이동학은 나와 참 많이 닮았다고 나는 생각한다. 나와 살아온 역정이 비슷하다고 나는 생각한다. 청년정치라고 할 때 가장 먼저 떠오르는 사람이 이동학이다. 나와 개인적인 인연은 딱히 없다. 페이스북으로 가끔 연락할 뿐이다. 그러나 나는 서로 가치관을 공유하는 친구 사이라고 혼자 생각한다. 이동학은 민주당 청년정치의 1세대로서 성취와 실패를 많이 겪어봤기 때문에 경험이 있고 세련된 정치를 다룰 준비가 된 사람이다. 나는 이동학이 대한민국 청년정치의 새로운 아이콘이라고 생각한다.

이동학과 함께

이준석이 청년정치라고?

청년정치란 무엇인가? 한 단어 한 영역으로 정리하지는 못한다. 그러나 세대 영역은 아니다. 생물학적으로 청년이 한다고 해서 청년정치는 아니다. 요즘 36세의 젊은 나이로 거대 야당의 당대표가 된 이준석에 대한 관심이 뜨겁다. 이준석이 청년정치의 아이콘처럼 거론된다. 그러나 나는 이준석이 청년정치라는 데 동의할 수 없다.

물론 이준석 현상은 있다. 이준석 현상은 정치혁신에 대한 국민의 갈망이 투영된 결과라고 나는 생각한다. 그러나 간과하지 말아야 할 것이 있다. 어느 날 갑자기 이준석이라는 인물이 하늘에서 떨어진 것이 아니라는 점이다. 이준석도 사람들에게 알려진 게 전부가 아니다. 냉정히 이야기하자. 하버드 출신의 고스펙

이 잘못은 아니지 않은가? 대중 정치는 꼭 흙수저에 가난해야 하는가? 나는 경력보다 이준석이 10년 넘게 정당 활동을 했고 세 번의 선거를 경험한 정치인이라는 사실을 인정해야 한다고 본다. 경험을 통해 쌓아온 철학과 비전이 있다는 점이다. 물론 그 철학과 비전에 동의할 수 없지만 말이다.

그러나 단언컨대 이준석의 정치가 청년정치는 아니다. 이준석이 청년들만을 대표하기 위해서 정치하는 것은 아니다. 나는 그에게서 청년정치다운 점을 발견하지 못했다. 청년정치는 혐오와 배제의 정치가 아니다. 조정과 화합이 정치의 역할이라고 보는데, 이준석은 갈등과 혐오, 분쟁을 자신의 정치 자산으로 삼는다. 그것은 옳지 않다. 정치에 대한 혐오, 청년세대가 핍박받고 있다는 한으로 정치하지 말아야 한다. 그것은 오히려 낡은 정치다. 구태 정치다.

오히려 청년정치 하면 떠오르는, 내가 닮고 싶은 정치인이 있다면 장경태 의원이다. 장 의원이야말로 정당정치를 제대로 이해하고 있는 청년정치인이라고 생각한다. 장 의원은 평당원 출신이며 전략 공천이 아닌 일반 후보 공모 절차를 거쳐 국회에 입성한 여당의 최연소 국회의원이다. 장 의원은 고등학교 졸업 즈음 가세가 기울어 대학에 진학하는 대신 배도 타고 막노동과 아르바이트를 전전하며 돈을 벌었다. 2002년 동대문 패션타운 관광특구에서 첫 서울살이를 시작했고, 2004년 만 20세에 늦깎이로 등록금이 가장 저렴한 서울시립대학교 행정학과에 입학했다.

서울시립대학교에 입학하고도 등록금 등의 문제로 빈곤층으로서 어려움을 겪었으며, 호프집, 식당, 편의점 등 알바란 알바는 거의 다 해봤다고 한다. '최소한 나처럼 힘든 사람이 세상에 없었으면 좋겠다', '국가가 교육권은 보장해줘야 한다'라는 생각이 정치의 시발점이었다고 한다. 그런 면에서 나와 장경태 의원의 삶의 궤적이 참 비슷하다는 생각을 한다.

염태영 2010년 수원시장 선거

그러나 내가 장 의원을 가장 높이 평가하는 부분이 있다면 정당 활동에 관한 것이다. 장 의원은 15년 동안 정당 내에서 크고 작은 일을 맡아 밑바닥에서부터 차근차근 활동해왔다. 특히 대학생위원회와 청년위원회 활동을 하며 청년의 정치 참여를 확대하는 데 노력해왔다. '민주당 인재육성 제1호'로 당의 굵직한 역사를 함께한 현실 정치 경험이 많은 인물이다. '청년정치가 무엇인가?'에 대하여 많은 시사점을 발견할 수 있다.

단순히 기득권에 대한 대항으로 정치하는 것은 옳지 않다. 물론 청년세대가 기득권 세대로부터 차별받고 있다는 현상은 맞다. 그러나 그걸 극복해 나가는 과정이 청년정치다. 기득권 세대는 지금 정치인들이 극복해야 할 과제다. 정치영역에 대한 확신과 성취에 대한 경험이 필요하다. 작은 성취가 큰 승리를 가져온다.

정치를 바라보는 태도에 근본적인 변화가 있어야 한다. 왜 정치를 하려고 하는가? 이 질문에 대해 먼저 답을 내야 한다. 그런 뒤에 청년정치가 있다. 나는 정치를 염태영 수원시장으로부터 배웠다. 두 번에 걸친 염태영 선거캠프의 정치적 실천이 오늘의 나를 있게 만들었다.

격론 激論

"죄형법정주의는 과거 봉건제 시대 왕족의 잘못된 정치를 바로잡는 선한 취지에서 출발했다. 결국 정의로운 법률에 의하지 않고서는 처벌되지 않는다는 원칙이다.

죄형법주의가 왜 생겼는가? 이유를 묻는다면 간단하다. 법관이나 시도지사가 마음대로 과체중자에게 비만세를 도입해 위반 시 식사를 제한하고, 50킬로 속도위반 시 단속 기계에서 따발총이 발사되며, 마스크 미착용 시 곤장 100대를 맞는 세상에 사는 시민의 삶을 상상해보자. 끔찍한 일이다.

예측 가능한 규범의 부재는 수많은 억울한 처벌과 범죄자를 양산하고 기득권과 거대자본, 사법기관의 유착과 권력의 독점을 통제할 수 없을 것이다.

모든 법률이 구체적이고 세밀할 필요가 없다. 그래야 사각지대가 적어지고 시대의 흐름과 요구에 맞는 법률과 규제가 그 빈 자리를 채울 수 있다. 그리고 그 시대의 흐름은 깨어 있는 시민들의 조직된 힘이 만들어 왔다.

더는 음주운전으로 인한 사망사고를 우연으로 보지 않으며, 가상화폐 특금법이 시행되고, 땅콩리턴을 한 재벌은 형법보다 더 무서운 사회적 처벌을 받는 시대가 이를 증명한다.

그래서 나는 시민과 정치의 저력을 믿는다."

대한민국은 민주주의 국가이면서 동시에 공화국이다. 공화국의 기본적인 작동원리는 법치주의다. 대한민국은 엄격하게 삼권분립이 되어있으며 법률에 의하지 않으면 개인의 인권과 기본권이 제약당하지 않는다. 내가 경기도의원을 하고자 했던 것도 정의로운 법률에 의하지 않고서는 처벌되지 않는다는 원칙을 세우고 기득권과 거대자본, 사법기관의 유착과 권력의 독점을 통제하기 위한 것이었다.

지난 4년간의 의정생활을 복기해보면 여러 가지 생각이 스쳐 지나간다. 나는 정말 최선을 다했는가? 물론 아쉬운 점도 많다. 그러나 나는 시민의 대변자로서 필요한 조례를 제정하고 권력기관의 부당한 횡포에 맞서 국민의 마지막 수문장이 되고자 최선을 다했다. 그러나 나에 대한 평가는 시민들의 몫, 나는 또 다른 길을 가려 한다.

경기일보

2021.11.21.(일) 광주 1℃ 미세먼지 보통

오피니언 | 지역사회 | 인천 | 정치 | 경제 | 사회 | 문화 | 스포츠 | #대장동 게이트

정치
정치일반 | 정부 | 국회 | 도의정 | 경기뉴스 | 북한 국제 | 선거

HOME > 정치 > 정치일반

[행감인물] 교육행정위원회 황대호 의원(더불어민주당·수원4)

최현호 기자 wti@kyeonggi.com　　입력 2020. 11. 16 오후 9:00　　댓글 0

황대호 의원, 급식종사자로 변신, 처우개선 눈물로 호소

경기도의회 교육행정위원회 소속 황대호 의원(더불어민주당·수원4)이 경기도교육청에 대한 행정사무감사에 나서 학교 급식종사자들의 처우 문제를 조목조목 짚어내 주목을 받았다. 특히 황대호 의원은 행감장에 직접 학교 급식조리원 복장을 착용한 채로 등장, 급식종사자들의 입장을 이해하기 위한 노력이 돋보였다는 평가다.

황대호 의원은 16일 경기도교육청에 대한 행감에서 "도내 학교 급식실의 2019년 산업재해 발생 건수는 338건에 이르며, 넘어짐·미끄러짐과 같은 낙상 사고가 전체 급식실 산업재해의 20~30%를 차지할 만큼 심각한 상황"이라며 "산업재해가 빈번한 상황에서도 급식종사자들이 사용한 연가는 연간 1.7일, 병가는 연간 3.6일에 그칠 정도로 업무 가중에 시달리고 있다"고 지적했다.

행정감사

황대호 의원, 원칙 없고 영혼 없는 교육행정 질타

김단영기자 | 기사입력 2018/11/21 [14:43] 본문듣기

▲ 황대호 의원(더불어민주당, 수원4) ⓒ 김단영기자

경기도의회 제2교육위원회 황대호 의원(더불어민주당, 수원4)이 지난 20일 경기도교육청 감사관, 총무과, 행정국에 대한 행정사무감사에서 폭주하는 업무에 내몰리는 기술직 공무원의 현실, 임기제한 없이 무한정 유임되고 있는 고문변호사, 경기교육의 비리는 적발하지 못한 체 학교운동부만 교육 비리온상으로 지목하고 여론몰이 표적감사하고 있는 감사실태 등을 지적했다.

이날 질의에서 황대호 의원은 "기술직 공무원들이 너무나 많은 공사입찰 등 업무과중으로 인해 타 기관으로 전출이 많다"고 지적하고, "경기도교육청이 기술직공무원의 무덤일 정도로 업무가 폭주하고 있지만 정작 도교육청 총무과에서는 인원 증원을 안일하게 진행하고 있어 문제"라고 질타했다. 이어 황의원은 "기술직 공무원 1인당 5천만 원 이상의 공사를 30건 이상 발주하고 있는 상황이고, 기편성한 예산도 집행을 하지 못해 이월액이 늘고 있는 상황이라면 이는 기술직 공무원들의 업무 소홀이 아닌 과중한 업무로 판단하고 빨리 인원 증원에 나서야 하는 것 아닌가"고 지적했다. 답변에

행정감사

30대 청년 道의원이 행감서 탈 쓰고 나타난 이유는?

등록 2021.11.17 22:30:07

기사내용 요약

황대호 의원 "수원시, 울산보다 인구·학생수 많지만 1인당 교육비·예산 적어"

[수원=뉴시스] 지난 16일 경기도교육청을 대상으로 실시된 행정사무감사 총괄감사에서 황대호 경기도의원이 도의회 마스코트인 '소원이' 탈을 쓰고 질의하고 있다. 2021.11.17. (사진=경기도의회 제공) *재판매 및 DB 금지

[수원=뉴시스] 박종대 기자 = 황대호 경기도의원은 17일 자신의 사회관계망서비스(SNS)에 "경기 수원시는 울산광역시에 비해 인구는 6만명, 학생수는 3000명이 많음에도 1인당 교육비는 548만원, 예산은 7000억원, 공무원은 6000명이 적어 엄청난 역차별을 받고 있다"고 지적했다.

황 의원은 SNS에 "교육부의 획일적 교부금 배정기준을 개혁하지 못하면 수원특례시도 허상일 뿐"이라며 "차별받는 예산이 7000억원"이라고 꼬집었다.

그는 "경기교육을 책임지는 교육의원으로서 거리에 '수험생 여러분 힘내세요'라는 문구가 적힌 현수막을 보며 감사함과 안타까움이 교차한다"며 "본인을 홍보현수막도, 고사장 응원도 좋지만 특례시민이 원하는 정치의 역할은 우리 학생들과 시민들이 희망을 가질 수 있는 환경을 정치를 통해 어떻게 실현할 수 있는지 (물색하는 것) 아닐까요"라고 강조했다.

행정감사

사람이 희망이다

거칠고 험한 토양을 좋아하는 귀화식물인 만수국아재비 일명 '쓰레기풀'이 있다. 관상식물 만수국과 같은 속에 속하는 만수국아재비는 남미 페루가 원산인 신귀화식물이다. 1980년대에 처음으로 공식 이름을 갖게 된 만수국아재비는 '쓰레기풀', '청하향초'라는 이름으로도 불린다. 이 꽃은 향기가 강한데 박하 향 같기도, 쑥 향 같기도 하며, 어느 때는 귤 향 같은 향기가 난다. 특이한 것은 참기 어려운 고약한 냄새가 나는 쓰레기 터에서 이 꽃이 가장 잘 자란다는 것이다.

'쓰레기풀'은 종자가 동물 몸에 붙어서 퍼져 나간다. 길가나 빈터, 경작지 주변, 하천 변 고수부지 등에 흔히 자란다. 쓰레기매립장 등 거칠고 험한 곳에서 힘껏 살아가는 생활력이 강한 귀화식물이다. 청정하고 안정된 토지환경에서는 잘 자라지 않고, 더럽고 지저분하고 어지럽고 불안한 토지환경에서는 잘 자란다.

정치인은 '쓰레기풀'이 되어야 한다. 정치인은 가장 낮은 곳, 가장 더러운 곳, 가장 험한 곳, 가장 위험한 곳에 머무는 사람이어야 한다. 그런 신념이 없는 사람은 정치하지 말아야 한다.

> 저는 종교단체의 정치참여에 반대하지 않습니다. 군부독재와 친일파가 국민에게 겨냥한 대북공작의 칼날을 가장 앞에서 막아섰던 4·19혁명부터, 부마항쟁, 5·18 광주민주화항쟁, 6·10 민주항쟁, 그리고 촛불혁명까지 종교단체는 늘 시대의 아픔에 깨어 있었으며 설령 그 길이 가시밭길이라도 국민과 함께 그 길을 묵묵히 걸어왔습니다.

백혜련 의원과 졸업식 참석

저는 종교단체의 정치참여에 반대하지 않습니다. 이곳 신의 사역을 국민의 삶 속에서 실천해왔습니다. 늘 지역과 소통하며 노숙인을 재우고, 빈곤한 자를 보살피고, 탁아 서비스와 장학금 및 교도소 사역에 힘을 보탰으며, 에이즈와 동성애, 세월호, 천안함 참사로 고통받는 사람들에게 사랑을 손길을 내밀었습니다.

저는 종교단체의 정치참여에 반대하지 않습니다. 성균관대역 광장에서 포장마차를 하시는 부모님과 함께 성장하며 유복한 삶은 살지 못했지만 33년 전 처음 만난 신앙은 서로를 사랑하며 약자를 보살피고 가난한 자를 돕는 게 우리의 의무임을 일깨워 주었기 때문입니다.

저는 종교단체의 정치참여에 반대하지 않습니다. 하지만 어리석은 종교단체의 정치참여는 반대합니다. 일부 기업화된 대형교회들이 본 교회의 부흥이나 세습 그리고 종교인 과세유예 제도를 마치 예수님이 지신 십자가의 고난인 것처럼 포장하는 것을 경계합니다. 그리고 본인들의 사리사욕을 위해서 그 명분을 남북갈등이라는 정치적 아젠다로 둔갑시켜 국민과 성도들을 기만하는 구태 정치인과 종교단체의 정치참여에 분노합니다.

이제는 어리석은 종교단체의 정치참여도, 선거도 달라져야 합니다. 자치분권개헌과 한미동맹이 이슬람과 종교인과세법이 본인들의 신앙과 국가를 무너뜨리고 북한이념을 전파하는 것처럼 왜곡하는 것을 비판합니다. 이제 우리는 갈등과 분열, 냉소주의를 확산시키는 일부 종교지도자와 정치인들에게 명백하게 "아니다"라고 말할 수 있어야 합니다. 소모적인 논쟁보다는 본질을 바로 보고 우리 미래 세대에게 더 나은 삶을 마련해줄 수 있도록 통합의 길로 나아가기를 진심으로 기원합니다.

나는 모태 신앙인이다. 기독교인이다. 나는 내가 기독교 신도인 것을 자랑스럽게 생각한다. 내가 생각하는 예수님의 근본적인 가르침은 '인간에 대한 사랑'이라고 본다. 그것도 차별 없는 사랑이다. 예수님의 가르침은 공자의 가르침 인仁과 별로 다르지 않다. 예수님의 가르침은 석가모니의 자비慈悲와 다르지 않다. 모든 신앙은 기본적으로 인간에 대한 사랑, 인간에 대한 긍정, 즉 휴머니즘을 기본으로 하고 있다. 정치인의 기본 덕목 역시 휴머니즘에 그 뿌리를 깊게 박고 있어야 한다. 정치인은 깊고 넓은 인문학적 소양을 갖추어야 한다. 정치는 공학이 아니다. 정치는 철학이다.

나는 결국 '사람이 희망'이라고 생각한다. 나는 기독교의 세계관이 '디스토피아'에 있다고 보지 않는다. 기독교가 지향하는 세상은 '유토피아'다. 나는 '유토피아'를 만들어가는 것은 결국 사람이 하는 것이라고 본다. 신은 유토피아로 우리를 인도하지만, 그곳을 향해 가는 것은 온전히 인간의 몫이다.

오바마의 정치는 그 첫 번째가 희망의 정치다. 정치가 인간의 희망이 되어야 한다. 정치가 혐오와 냉소와 조소의 대상이 아니라 존경과 찬사의 대상이 돼야 한다. 나는 오바마의 삶과 정치에서 그런 가능성을 확인했다. 나는 정치를 백혜련 국회의원으로부터 배웠다. 가까이에서 그분과 같이 활동했다. 수많은 좌절과 고난의 행군을 같이했다. 그 과정에서 결국 국민이 행복한 세상을 만들 수 있다는 희망을 보았다.

권력이야말로 정치의 핵심

막스 베버는 칼 마르크스와 함께 근대 사회학의 태두로 일컬어지며 나아가 현대 사회과학 이론의 방법론적 토대를 구축한 인물로 평가되고 있다. 그의 책 『프로테스탄트 윤리와 자본주의 정신』은 오늘날 우리의 삶을 규정하는 자본주의의 기원이 무엇인지 설명해낸 인류의 고전이다. 앞선 시기에 마르크스도 유물사관을 기초로 자본주의에 대한 이론을 정립했지만, 베버는 이와 달리 비교 문명사적 시각에 근거해 정신문화를 중심으로 자본주의의 기원을 탐구했다는 점에서 의의가 있다.

베버는 마르크스의 법칙 정립적 이론을 거부하며 각 문명이 지닌 다양한 정신문화를 토대로 자본주의를 설명하려고 시도했다. 나는 베버든 마르크스든 그들의 사상은 기본적으로 당시의 사회 현상과 무관하지 않다고 본다. 따라서 나는 그들의 자본주의 분석에 전적으로 동의하지 않는다. 그래도 내가 호출하고 싶은 인물은 막스 베버이다.

베버는 기본적으로 사회학자이며 경제학자다. 그러나 그의 사상은 현대 정치인들에게 중요한 시사점을 남기고 있다. 베버는

봉하마을에서 나의 영원한 대통령과 함께

그의 저서에서 신념윤리와 책임윤리에 대해 이야기한다. 그의 신념윤리와 책임윤리는 현실에서 오독되고 있거나 자신에게 유리한 방향으로 해석되고 있다. '정치인의 가장 중요한 덕목은 신념윤리가 아니라 책임윤리'라고 오독하는 경우가 많은데, '정치인에게는 신념윤리만큼 책임윤리가 필요하다'가 정확한 표현이다.

베버는 '악을 악으로 대해선 안 된다'라는 사랑의 윤리(신념윤리)와 달리, 악에는 악으로 대하되 악의 증대에 대하여 책임을 지는 '책임윤리'가 중요하다고 했다. 정치 권력의 본질은 물리적 강제력의 행사에 있기에 목적을 위해 사용된 수단의 정당성을 평가하고 그에 관해 책임 있는 반성을 거쳐야 한다는 것이다.

내가 여기서 중요하게 생각하는 것이 정치인의 책임윤리에 관한 것이다. 정치는 신념에만 충실하여 결과에 책임지지 않는 신앙의 문제가 아니다. 정치는 신의 영역이 아니고 인간의 영역이다. 따라서 정치는 기본적으로 충돌하는 신념 간의 조정과 타협의 산물이다. 그런 면에서 나는 오바마의 정치를 통합의 정치로 보았다. 그러나 신념이 없는 통합은 반드시 기득권 지배계급의 이익에 부합하는 방향으로 흐를 수밖에 없다. 나는 나의 신념에 의해 행동하되 그 결과에 반드시 책임을 지는 정치를 하려고 한다. 그래야 정치가 대중으로부터 신뢰를 받을 수 있다.

나는 여기서 다시 '선한 조직이 선한 권력을 잡으면 세상이 바뀐다'는 명제를 강조하고 싶다. 대중들은 권력중심, 타협 이런 말을 부정적으로 생각한다. 그러나 타협은 정치에 있어 가장 아름다운 단어라고 생각한다. 권력 없는 민주주의는 없다. 권력의 중심에 서서 공권력을 행사해야 할 때가 있다. 따라서 권력을 잘 다룰 줄 알아야 한다. 문제는 권력에 심취하고 권력에 젖는 것이다. 구태의연한 정치를 벗어나 권력을 잘 다루는 정치를 해야 한다. 타협을 받아들여야 한다. 이견과 반대를 조정하고 다원주의를 받아들일 준비가 되어 있어야 한다. 모든 것을 적대적으로 만드는 순간 협의는 이루어지지 않고, 피해는 국민에게 돌아간다. 이런 조정을 할 준비가 되어 있어야 한다. 그것이 책임정치다.

그런 의미에서 노무현 전 대통령은 책임윤리에 철저하신 분이다. 노무현처럼 자신은 불행해도 유권자는 행복한 정치인은 차선이다. 최악은 자신만 행복하고 유권자는 불행한 정치인이다. 이명박, 박근혜가 그런 정치인이다. 최선은 둘 다 행복해야 한다. 나는 최소한 차선의 삶을 살아보자고 생각해서 지금까지 수많은 압박을 견디며 살아오고 있다. 우리 집 행사, 우리 집 애들 못 챙기면서 남의 집 애들 챙기며 산다. 지금까지 거의 하루도 못 쉬었다. 일상의 삶을 포기해야만 의정활동을 할 수 있다. 그것은 정치인의 숙명일 수밖에 없다.

정치에서 희망을 꿈꾸다

전쟁을 통해 독도를 되찾자는 마루야마 호다카 의원!!

한국에서는 어제오늘 자네의 발언으로 한참 시끄럽다네. 아무래도 자네가 일종의 관심을 먹고 사는 스타일인 것 같아 비슷한 또래의 나라도 답을 줘야 할 것 같아 이렇게 글을 쓰니 널리 이해해 주기 바라네.

'전쟁을 통해 독도를 되찾자'라는 자네의 황당한 얘기를 듣고 가장 먼저 든 생각은 '꽃이나 보며 자위나 하라'는 우리나라 자유한국당 대변인의 발언이 혹시 자네를 두고 한 말인데 이게 약간 혼돈이 있었던 것은 아닌가 하여 혼자 웃음을 지었다네.

국민을 지킨다는 당에서 전쟁하자는 게 앞뒤가 맞나 하는 생각이 앞서지만 그래도 사실관계를 잠시 일러주어야겠네.

자네가 성장한 마쓰시다정경숙에서 고유의 영토라는 개념을 어찌 배운지 모르겠으나, 내가 배운 정치아카데미에서는 영토란 이웃 국가끼리의 다양한 관계에서 확정되며 그 과정에서 협상도 있고 전쟁도 종종 있었다고 들었네. 그런데 지금까지 자네 나라가 독도를 이유로 전쟁을 벌인 적이 있었나? 오히려 신라 시대 우리의 영토를 침탈한 왜구를 몰아내기 위해 신라 장군 이사부가 출동한 기록은 있었다네. 이것까지 배웠을 리는 없겠지만 말이야.

늘 그래왔듯 한일병탄을 이유로 독도를 자신들의 고유영토라 일방적으로 주장하는 것은 이해할 수 있겠으나 1945년 일본이 전쟁에서 패전하면서 한반도 전역에서 철수한 것이고, 우리는 자연스럽게 원래의 우리 땅을 되찾아 지금까지 지배적으로 관리하고 있다네. 그래서 우리 경찰이 독도를 지키고 있으며 우리 군대는 언제든 독도를 방어할 충분한 준비를 하는 것이야.

그런데 독도를 전쟁으로 되찾자고? 자네 나라는 전쟁을 할 수 없다는 걸 모르고 있나? 일찍이 자네 선조들이 아시아 전역에 전쟁으로 끼친 해악이 너무 커서 자네 나라는 군대를 보유할 수 없는 나라란 말일세. 그래서 '자위대'라는 다소 민망한 이름을 쓰고 있는 것 아닌가!

일본의 중의원이라면 하원 국회의원이라는 얘기인데, 우리나라에서 자네 수준이면 지방의회는 물론이고 주민자치회에도 들어가지 못할 걸세.

한국 속담에 자네 같은 사람을 '망둥이'라고 한다네. 꼴뚜기가 뛰니 망둥이도 뛴다는 우리 선조들의 지혜가 담긴 말인데 자네가 위안부 소녀상이 있는 경기도의회로 오면 내가 자세히 알려줌세.

> 이렇게 얘기를 해도 자꾸 전쟁이란 단어가 떠오를 만큼 혈기가 넘치거든 언제든지 한국의 자유한국당 대변인의 상냥한 안내를 잊지 마시게나. 아무래도 그 방법이 아시아 평화와 세계평화를 위해서도 훨씬 좋을 듯싶네.
>
> 대한민국 경기도의회 의원 황대호

2019년 7월 23일 일본 중의원 의원 마루야마 호다카는 자신의 트위터에서 '전쟁으로 다케시마(독도)를 되찾자'라는 주장을 하며 여론 조사를 실시했다. 그때는 강제징용 노동자에 대한 대한민국 대법원의 판결을 기점으로 일본이 무역보복을 감행한 때였고 국내에서는 촛불 시민들이 광범위하게 집결하여 노재팬 운동을 전개할 때였다. 그러나 도발한 것은 일본의 우익정치인만이 아니었다. 더 큰 문제는 일본과 결탁한 친일파 극우보수 세력들이 여전히 지금이나 그때나 이 땅에서 날뛰고 있다는 점이다.

2021년 11월 3일 코로나로 인하여 계속하지 못했던 수요집회가 다시 열렸다. 그러나 위안부 소녀상 자리는 '자유연대' 등에 의해 점거됐고 어쩔 수 없이 약 10미터 떨어진 연합뉴스 사옥 앞에서 수요집회가 열렸다. '자유연대' 회원들이 집회 장소를 선점하고자 종로경찰서에서 숙식까지 해결하면서 밤12시에 맞춰 집회 신고를 낸 데 따른 결과다.

소녀상 자리를 점거한 단체들은 "위안부 사기극의 상징, 소녀상을 철거하라!" 같은 플래카드를 내건 가운데 '반일운동을 그만두라', '위안부 문제보다 북한 문제에 더 신경 쓰라'는 등의 취지로 확성기 방송을 했다. 위안부 문제 해결을 위한 시민들의 집회를 노골적으로 방해한 것이다.

우리 사회가 위안부 강제연행으로 입은 한恨과 피해는 일본 정부와 극우파의 파렴치한 태도로 인해 오랫동안 해소되지 못하고 있다. 이런 상황에서 같은 한국인들이 일본 극우파 편에 서서 수요집회를 훼방하는 것은 상식적으로 이해되지 않는 일이다. 2022년 3월 대선은 대한민국의 운명을 건 일대 대전환이 될 것이다. 역사를 다시 50년 전으로 되돌릴 수는 없다. 김대중, 노무현, 문재인 대통령을 잇는 민주 정부는 계속 이어져야 한다. 나는 그 길에 내 모든 것을 걸겠다.

노회찬 6411

    6411은 버스 노선 번호다. 구로구의 노동자들이 강남의 대형 빌딩에 청소하러 가기 위해 매일 같은 시간에 타는 새벽 버스다. 그들은 매일 같은 시간 같은 좌석에 앉아서 가기에 서로서로 잘 안다. 한 자리라도 빈자리가 생기면 '혹시나 아픈 것은 아닌지?' 서로 안부를 묻는 서민의 애환이 서린 버스다. 노회찬은 거기에 있었다. 당연히 정치인이 있어야 할 자리에 있었다. 노회찬은 한 달에 85만 원의 급여를 받으면서 새벽부터 나와서 일을 하고 건물 안의 더러운 곳을 깨끗하게 청소하는 노동자분들이 왜 투명인간 취급받아야 하는지를 우리에게 묻는다.

    노회찬 6411은 정치인들이 자신들의 밥그릇은 너무나도 잘 지키고 하나 된 모습이고 또 각 정당의 이익을 위해서는 집단으로 싸우면서 막상 국민의 인권과 권익은 뒷전인 무늬만 국민을 위한다는 정치인들에게 경종을 울리고 우리 곁을 떠났다.

몇천억 몇백억을 자기 주머니에 챙기고, 수많은 사람을 죽음으로 내몰았고, 29만 원밖에 없어서 세금도 낼 수 없다는 분은 당당하게 고개 들고 골프 치고 다니면서 뻔뻔하게 살아간다.

그러나 자신이 믿는 신념으로 투쟁하면서 살아온 길에서 언행일치를 못한 수치심과 창피함과 미안함 때문에 국민 앞에 책임을 지고 떠난 노회찬은 지금 우리 곁에 없다. 낮은 곳에서 어렵게 힘들게 살아가는 노동자들을 대변하던 정치인 노회찬은 지금 우리 곁에 없다.

노회찬과 박원순

"나는 여기서 멈추지만, 여러분은 당당히 앞으로 나아가길 바란다."

나는 그의 죽음을 비하할 수 없다. 그는 누구보다 정치인의 명예를 소중하게 생각하신 분이다. 나를 돌아본다. 나는 노회찬만큼 국민에게 책임지는 정치를 하고 있는가? 온몸을 던져서 불공정과 적폐로부터 주민을 지켜내겠다는 나의 약속은 지켜지고 있는가? 다음 재선이 아니라 다음 세대를 위해서 도민에게 감동을 주는 정치를 하자던 나의 약속은 지켜지고 있는가?

문제는 기본소득이다

2021년 11월 2일 미국 매사추세츠주 보스턴에서 대만계 여성 시장이 당선됐다. 이곳에서 백인 남성이 아닌 시장이 나온 것은 미국 역사상 처음이다. 대만계 이민자 2세인 미셸 우 민주당 후보(38세)는 2일(현지 시간) 실시된 보스턴 시장 선거에서 같은 당 소속 애니사 에사이비 조지 후보를 누르고 승리했다. 보스턴이 1882년 처음 시장을 뽑기 시작한 이후 백인 남성의 전유물이었던 보스턴 시장 선거에서 아시아계, 여성이 최초로 당선된 것이다.

"아들 중 한 명이 어느 날 나한테 이렇게 물었어요. '남자들이 보스턴 시장이 될 수 있어요'라고요. 네, 그들은 항상 보스턴 시장이었고, 또 언젠가 시장이 될 거예요. 하지만 오늘 밤은 아니에요."

보스턴 시장에 압도적인 표로 당선된 미셸 우의 당선 소감이다. 대만에서 건너온 부모에게서 태어난 우 후보는 하버드대와 하버드대 로스쿨을 나왔다. 하버드대 로스쿨에 다닐 때 당시 하버드대 로스쿨 교수였던 엘리자베스 워런 민주당 상원의원에게 지도를 받았다. 워런 상원의원은 민주당의 대표적인 진보 성향 정치인으로서 지난해 민주당 대선후보 경선에서 두각을 드러낸 바 있다.

미셸 우가 이번 선거에서 주된 공약으로 크게 내세운 것은 세 가지로 '그린 뉴딜', '대중교통 무상화', '공공 임대주택'이다. 그녀는 그린 뉴딜 제안자 중 한 명이었고, 오랫동안 대중교통 운동을 해온 인물이다. 보스턴에 자전거와 녹지가 더 확대되고, 대중교통이 강화되고, 그린 뉴딜 정책들이 도입될 것이다. 미국 그린 뉴딜의 선두 주자인 에드 마키는 미셸 우의 당선을 이렇게 평가했다.

"미셸 우는 보스턴을 새롭게 바꾸는 시장이 될 것이다. 그녀는 기후변화가 도시를 어떻게 위협하는지, 그래서 우리가 어떻게 대응을 해야 하는지, 기후위기 최전선 공동체들을 위한 정의가 얼마나 중요한지를 이해하는 사람이다. 보스턴은 그린 뉴딜 시장이 필요하다."

최초의 보스턴 여성 시장이기도 하지만, 그린 뉴딜과 대중교통 변화를 전면에 앞세우고 당선된 미국 최초의 시장이기도 하다. 내가 미셸 우에 주목하는 지점이 이런 점이다. 38세의 젊은 나이도 중요하지만 이제 정치의 패러다임이 바뀌고 있다는 점이다. 이제는 그린 뉴딜이 정책의 핵심으로 바뀌어 가고 있다. 특히 포스트 코로나 시대에는 정치의 쟁점이 달라질 것이다.

학생들과 함께

포스트 코로나 시대의 주목해야 할 첫 번째 정책은 기본소득이다. 우리는 이미 무상급식과 무상교육의 시대를 넘어왔다. 처음 무상급식 공약이 나왔을 때 보수 우익에서는 사회주의 정책이라고 비판했다. 그러나 지금은 누구도 무상급식에 그런 시비를 걸지 않는다. 기본소득은 무상급식과 무상교육의 연장선에 있다. 그것은 단순한 복지 정책의 도입 문제가 아니다. 국가란 무엇인가? 국가의 역할은 무엇인가? 국민의 기본권은 어디까지인가에 대한 사회 사상적 발상의 전환에 해당하는 문제이다.

주민과 함께

우리는 지금까지 '일하지 않는 자여, 먹지도 말라'는 능력주의 사회를 힘겹게 걸어왔다. 장애인이나 노인, 유아가 아니면 국가로부터 돌봄을 받는 것을 금기시했고 실업자는 부끄러운 존재였다. 그러나 코로나 19와 기후위기, AI 로봇들이 사람의 일자리를 대신하는 포스트 코로나 시대에 오면 많은 것이 달라진다. 일자리는 절대적으로 부족해진다. 과연 '일하지 않는 자는 먹지도 말아야 하는가?' 이제 우리는 시대 전환의 길목에 서 있다. 새로운 시대에 맞는 철학과 비전이 필요한 시기가 되었다.

'인간은 태어나면서부터 존엄한 권리를 갖는다.'
'국가가 국민의 기본적인 생존을 책임져야 한다.'
'인간은 자연 속에서 자연과 공존하며 살아가야 한다.'

아내의 생일상

저녁이 있는 삶을 위하여

'라떼파파' 커피 이름이 아니다. 한 손에는 커피를, 다른 한 손에는 유모차를 끌며 육아에 적극적으로 참여하는 스웨덴 아빠들을 지칭하는 말인 '라떼파파(Lattepapa)'는 스웨덴의 남녀 공동 육아문화를 가장 잘 나타낸 말이기도 하다. 1974년 세계 최초로 '부모 공동 육아휴직 제도'를 도입한 스웨덴은 총 480일의 유급 육아휴직을 부부에게 제공하고 있다. 부부 각자에게 240일의 휴직 기간이 제공되고, 이 중 각각 의무기간 90일을 제외한 나머지 일수를 부부가 공유하여 사용할 수 있다. 예를 들어 아빠가 90일 의무기간을 사용한 후 남은 150일을 더해 엄마가 390일까지 휴직이 가능한 구조다. 또 휴직급여는 스웨덴 사회보험청에서 240일 중 195일에 대해 월급의 80%를 지급하고, 나머지 45일에 대해서는 2만 원가량의 정액분을 지급한다.

스웨덴에서 '부모 공동 육아휴직 제도'의 도입은 일-가정 균형을 통한 남녀평등 문화의 확산, 여성의 경제참여 확대를 이끌며 경제 활성화에도 크게 기여했다. 현재 스웨덴은 전 세계에서 가장 평등하고 남성들의 육아휴직 참여율이 높은 나라로 발전했으며, OECD 회원국 중 꾸준히 평균을 웃도는 높은 출산율을 자랑하는 국가로 자리 잡았다.

아이러니하게도 우리나라는 법적으로 허용하는 남성 육아휴직 기간이 17주로 OECD에서 가장 긴 편이다. 부부 공동육아문화가 제대로 자리 잡지 못한 것은 법이 아닌 '실제' 우리 사회에서 허용하는 남성 육아휴직 기간이 이에 비해 현저히 짧기 때문이다. 작년 우리나라의 합계 출산율은 연속 0명대를 기록하며 0.84로 OECD 국가 중 최하위라는 불명예를 안았다.

우리나라에서 '라떼파파'가 되기 위해서는 큰 결심이 필요하다. 아직도 남성 육아 참여에 대한 사회적 편견과 휴직으로 인한 생계비 문제 등 극복해야 할 과제들이 많기 때문이다. 남성 육아휴직을 의무적으로 사용하게 하고, 이를 지키지 않는 기관은 벌금, 책임자는 곤장 20대, 당사자는 가산점을 주자는 웃지 못할 말까지 나오고 있다. 그래서 나는 4살 2살 두 남매를 키우는 아빠이자 시민으로서 하루빨리 저출산에 따른 인구감소, 지역소멸, 초

고령사회 등의 인구위기를 지방정부에서 주도적으로 해결할 수 있는 환경(개헌을 통한 완전한 자치 분권 실현)을 만들고 싶다.

2012년 18대 대선 민주통합당 경선에 출마한 손학규 전 대표의 선거 슬로건이 '저녁이 있는 삶'이었다. 서정적 작명으로 노동계의 투쟁 목표였던 노동시간 단축을 제도권의 정책 논의로 무리 없이 끌어올리는 데 기여했다는 평가를 받았다. 손학규 씨는 대선 도전에 실패했지만, '저녁이 있는 삶'은 살아남았다. 그 이후 '저녁이 있는 삶'은 선거 캠페인이 아니라 보통 명사가 되었다.

이 슬로건을 창작한 김00 당시 메시지 담당 비서관은 모 언론사와 통화에서 '과로에 지친 한국 사회에서 대다수 국민이 느끼고 있는 문제를 쉽게 표현한 게 많은 공감을 받았다'라며 '핵심은 레토릭이 아닌, 시대가 요구하는 것을 담는 것'이라고 말했다.

올해 내 생일에 아내가 조촐한 생일상을 차려줬다. 나는 지난 4년 동안 경기도 의원으로 돈키호테처럼 좌충우돌하면서 바쁘게 살아왔다. 도의원으로서는 어떠했는지 모르지만, 자식으로서 남편으로서 아버지로서 역할은 빵점이었다. 민생 정치를 먼저 챙기느라 내게 가족은 늘 차선이 되고 만다. 그러나 나에게도 '저녁이 있는 삶'이 오기를 바란다. 우리 모두에게 저녁이 있는 삶이 올 때까지 소명의 정치를 하고 싶다.

황대호를 응원해요

황대호 의원은 열정과 진심으로 도정을 위해 애쓰는 사람입니다. 수원마을공동체미디어사회적협동조합 이사 이경남

황대호 의원은 체육인들의 꿈이며 희망입니다. 코로나19로 심각히 어려운 시기에 스포츠 뉴딜 예산 17억 원을 편성해 스포츠 시설, 종목 단체, 체육인 활동을 지원하고 긴급 일자리를 만들어주는 데 앞장섰습니다. 민선 체육 시대를 맞아 도민 행복을 위해 헌신적으로 함께해주시는 황대호 의원님은 영원한 체육인이며 경기도체육인 모두는 늘 함께할 것입니다. 황대호 의원님! 사랑합니다^♡^ 경기도체육회장 이원성

사랑하는 황대호 의원님!!!!! 항상 경청과 겸손이 우선이고 이익 앞에 물러서고 책임 앞에 다가서며 오직 지역의 발전을 위해 불철주야 노력하는 진실한 모습이 여러 사람에게 감동을 줍니다. 앞으로도 변함없이 안일한 불의의 길보다 험난한 정의의 길을 걸으시길 바랍니다. 황대호 의원님 파이팅!!! 수공산악회 회장 방인혁

대한민국의 미래를 책임질 경기도의 일꾼! 꼭 필요한 인재라고 생각합니다. 구운동 고문 권선자

밤밭에서 열심히 알밤 농사짓는 농부이며 서로의 고민을 나누는 모습이 마치 한 집안의 장남 같아요~^^ 저물어가는 2021년도 수고 많으셨습니다~^♡^ 율전방범지대 사무국장 이숙연

황대호는 믿음과 신뢰가 가는 정치인이자 지역의 훌륭한 일꾼이다. 서호중 교장 이호석

안녕하세요 경기남부슈퍼마켓협동조합에 송유경 이사장입니다
1. 필드를 지키던 골키퍼에서 현재는 시민들을 위해, 시민들과 함께, 필드를 누비는 공격수 "황대호"
2. 시민들과 함께 성장하고, 시민들과 함께 힘들고, 시민들과 함께 기뻐하는, 늘 시민을 위한 사람 "황대호"
3. 수원시민의 어려움과 힘든 일을 잘 들어주고, 해결하기 위해 누구보다 앞장서서 수원시민을 위해 일을 하는 사람 "황대호"
4. 수원이 처한 현실과 어려움을 잘 알고, 이를 해결함에 누구보다 앞장서서 수원을 위해 일을 할 줄 아는 사람 "황대호"
경기남부 슈퍼마켓 협동조합 송유경

대호형은 학창시절에 유머러스하고 책을 많이 봤던 형으로 기억됩니다. 오늘 하루도 파이팅하세요!
수원공고 후배 김연경 아카데미대표 이영원

나에게 황대호란 사람은~ 스포츠복지를 함께 이룰 동료이자 체지덕을 고루 갖춘 훌륭한 아우님~ 황대호의 동반자 권창성

황대호 똑똑한 체육인, 진정한 체육인, 의리의 사나이, 경기도체육인의 리더. 경기도 체육인 선배 김선필

황대호란? 스포츠가 삶 속에서 진정한 가치의 향기를 낼 수 있도록 행정의 기틀을 만드려는 사명감을 지닌 스포츠(축구) 의원.
성균관대 축구팀 감독 김정찬

나에게 황대호는 조카 같은 친근하고 예의바른 사람입니다~ 비슷한 또래의 조카가 있어서 그런지 문득 든 생각으로 보냅니다~ 오늘도 행복한 하루 보내세요~ 율전동을 사랑하는 황대호 지지자

제가 보고 느낀 황대호란? 젊음, 열정, 패기와 함께 성실함이 돋보이는 젊은이이자 시대와 적극공감할 줄도 아는 젊은 일꾼. 그래서 요즘 보기 드문 젊은 정치인으로서 그래도 우리의 미래 정치에 기대를 걸어봐도 되겠다 싶은 사람입니다. 더욱 열심히 뛰십시오. 응원합니다. 제가 만나보고 느낀 바를 표현해 봤습니다. 감사합니다 ^^♡ 한봄 고등학교 운영위원 최성배

지역발전을 위해 언제나 앞장서 주시고 주민들과 항상 소통하고 불가능할 것 같은 문제도 수용하려 애써주시는 모습에 항상 감사하죠. 모교 사랑과 후배 사랑이 넘치시는 황대호 의원님 항상 응원하겠습니다. 파이팅!!! 율전동을 사랑하는 주민 이은미

누가 어떤 말을 해도 귀담아 들어주는 사람~~가까운 곳에 있는 사람~~ 사람 황대호~^^ 구운동을 사랑하는 주민 손희완

나이를 잊고 대화하게 해주는 편안하고 커다란 호랑이 쿠션 같은 사람~^_____^ 율전동을 사랑하는 주민 정덕조

나에게 황대호 도의원이란 나의 등을 맡길 수 있는 사람이다. 화이팅! 황대호 지지자 신태수

불의를 못 참는 큰 호랑이!!^^ 늘 수고가 많습니다^^ 건강챙겨가며 하세요~ 영원한 대 수공 선배 "강한 열정과 의지, 따뜻한 품성과 감성으로, 해야 할 일을 명확히 알고 해내는, 그래서 믿음직한, 그래서 무한신뢰가 가는, 그래서 믿고 보는, 경기도의 BTS? 의원님 황대호^^ 수고하세요^^ 서둔동을 사랑하는 주민 이미숙

비록 젊은 분이시지만 인간적으로 겸손하고, 의정활동에 있어서 기본적인 자료를 토대로 분석과 대안을 제시하는, 우리나라의 큰 일꾼이 될 분입니다. 한봄고 교장 김용무

음흉한 포식자와 맞서 토끼와 양을 보호하며 풀을 뜯어먹고 사는 용맹한 호랑이 스포츠경향기자 김세훈

늘 현장의 체육을 지켜주는 든든한 파수꾼~^
수원시장애인체육회 사무국장 이성금

저도 함께할 수 있다면 영광입니다!..^^ 수원을 넘어 대한민국의 큰 호랑이 황의원님 파이팅!^^ 한국축구신문 국장 이기동

겁 없이 주위를 돌아보며 힘있게 추진하고 참신하게 사고하여 신선한 느낌이 들게 하는^^ 보기 드물게 젊은 패기가 돋보이는 일 잘하는 정치인^^ 황대호 지지자 고경아

우리나라 순수 표현으로 어린 호랑이를 "개호주"라고 불렀습니다. 조선반도를 포효하던 옛 한국호랑이~ 무섭지만 귀여운!! 개호주!! 이에 아울러 벼럭질 대장 공무원들 갑질 세력에는 호통질 대장 페친 장상기

겁 없이 주위를 돌아보며 힘있게 추진하고 참신하게 사고하여 신선한 느낌을 들게 하는^^ 보기 드물게 젊은 패기가 돋보이는 일 잘하는 정치인^^ 페친 고경아

한번 물면 놓지 않는 전투력 최만렙 청와대 지하벙커에 숨겨놨을 것 같은 호랭이 페친 이현경

1. 똑~소리나는 의원님~!
2. 노력하는 의원님~!
3. 약자를 대변하는 의원님~!
4. 젊은이답게 열정이 넘치는 의원님~!
5. 마음이 따뜻한 의원님~! 페친 김동수

황 황야같은 정치판에서
대 대면한
호 호기로운 청년 페친 Jong Suk You

모든 것을 내려놓고 다시 시작~!! 페친 이재혁

초심을 잃지 않는 순수 열정 멋진 지역일꾼 율전동 호랑이
페친 최충열

황대호를 응원해요

경기도의 큰아들처럼 믿습니다 페친 김춘봉

수원시 일 잘 하시는 호랑이^^ 페친 김미희

**스트라이커.. 골키퍼가 아니라..ㅎㅎ
골대를 향한 집념이 대단함^^
편안한 저녁시간 되세요 의원님.** 페친 최길남

체육인들의 버팀목 페친 김태륭

NJ man~ (Noble justice man) 페친 김두호

처음 등장할 때부터 차세대 중앙 정치에서 큰 획을 그을 젊은 정치인이 될 것이라는 믿음을 갖게 하는 인물 페친 강두환

백두산 호랑이 용맹한 한국 호랑이~ 페친 김승화

스포츠를 참 좋아하는 사람 페친 정재은

정치계의 BTS. 의원님~진정한 가치 실현에 나라를 변화시켜 주세요. 특히 교육당국이요.~^^ 페친 송기오

도의원 중 전국에서 가장 인기가 있는 청년, 그것이 황대호 매력일걸요? 페친 최재중

국민을 위해 일하는분   페친 양윤경

꾸준한 열정과 성실로 정치를 처음으로 신뢰하게 만든 1인
페친 Jooyeon Ahn

황 : 황호! 이름은 들어봤나?
　　백호보다 더 귀한 수원의 황호, 황대호!!
대 : 대쪽같으면서도 말랑말랑 부드럽고 따스한
호 : 호~~정의의 입김으로 약자의 마음을
　　녹여주는 찐 정치인!♡♡ 페친 문선희

나에게 황대호는 황폐했던 삶에 예전에 잃었던 자존심을 일으켜 세워 주신 분. 처음으로 내 존재, 내 삶을 알아봐 주신, 혈연, 지연, 학연 어떤 연관도 없지만 허공에서 사라졌던 나의 피같은 외침을 세상에 들으라 대변해 주신 기적 같은 존재입니다.
페친 Yeonju Seo

공감과 소통의 명쾌한 정치인! 페친 한수미

황. 황당한 사건을 맞닥뜨려도
대. 대단한 공감력과 능력으로 약자의 마음을
호. 호~해주시는 능력자 황대호 지지자1인 페친 유소영

여러분~~~~~~,
황대호 의원님을 소개합니다~~~~~
대충대충이요? 어림없어요!! 강한 자에게는 호랑이 같고 약한 자에게는 비둘기 같은 분, 불의 앞에 물러섬이 없고 정의 앞에 순결한 대우주에서 단 한 분이죠♡ 페친 Jung Im Kwon

'감사합니다'라는 말이 너무 부족한, 역지사지를 할 수 있는 분♡
페친 Grace Kim JiSook

답답하고 서러운 영어회화 강사를 공감해주셔서 감사합니다. 공감 능력자 황대호. 페친 박순아

경기도의회에 황대호 의원님은 축복입니다. 우리나라 정치에 황대호 의원님은 희망입니다. 우리 모두에게 황대호 의원님은 미래입니다. 페친 차경숙

약자를 대변해주고 공감해주는 멋진 호랑이님~^^ 저희에게 한 줄기 빛과 같은 존재이십니다!! 페친 최민경

황의원님은 정의로운 경기도
특공대 슈퍼 타이거 파워 히어로다! (미니특공대 슈퍼공룡파워에서 힌트를^^;;) 페친 Hyemi Kim

우리 영전강에게 큰 힘이 되어주셔서 감사합니다. 사회적 약자를 위해 애쓰시는 의원님 앞으로도 계속 도와주실 거죠?
페친 Grace Eunyoung Kim

정의로운 진실한 의원님 페친 이정희

항상 힘없는 이들의 등불되시고 눈물을 닦아주시는 분
페친 So Summer

우리나라 정치의 희망! 페친 HwaRa Lee

황대호는 느낌표(!) "정치란 무엇인가?"라는 질문에 늘 물음표(?)였는데, 황대호 의원님의 의정활동을 보며 느낌표(!)로 바뀌었습니다. 페친 Sophia Eunjin Kim

대호 "큰 호랑이" 호랑이는 예로부터 "영물"이다. 거기에 크기까지. 고로 황대호는 귀하고 큰 사람이다. 적어도 나에겐. 아니 이 시대를 사는. 그리고 체육을 하는 나에겐 너무나도 크고 귀한 사람이다. 페친 오승석

황대호 의원님은 '선한 사마리아인'. 고통과 어려움에 있는 사람을 외면하지 않으시고 보살피고 살리시는 분. 큰 축복이 함께하길 기도드립니다. 열렬히 지지합니다.~~~^^ 페친 홍금숙

열정적이시고 진정으로 현장의 어려움을 해결해주시려고 하는 국민일꾼 항상 응원합니다^^ 페친 김찬웅

1. 사람에 대한 믿음이 한결같으며 젊은 인생이지만 오랫동안 숙성된 와인의 맛이 난다.
2. 소소한 약속을 잘 지키며 늘 감사해한다.
3. 언어에 향기와 품격이 있으며 타인을 배려할 줄 안다.
4. 고맙다. 사랑한다. 감사하다의 표현에 진심이 담겨 있어 믿음이 간다.
5. 경기도의회를 초석으로 향후 대한민국 의회 sunrise ~너무 심하게~ 고백 했나옹??

늘 응원합니데이~ 페친 나종인

바쁘신 중에도 책 출간까지 준비하시는 황대호 의원님의 열정을 감히 따라갈 수 없네요~ 미리 책 출간을 축하드리며 제가 본 의원님은 열정과 감성 그리고 겸손까지 겸비한 경기도의회에서 없어서는 안 될 도민의 충직한 일꾼이라 생각합니다 파이팅!
경기도도교육청 김용호

지역발전에 세심한 관찰력으로 정의롭고 추진력 있는 모습에서 믿고 맡길 수 있는, 참신하고 젊은 정치인 황대호를 존경합니다. 앞으로도 승승장구하시고 책을 내신다니 축하드립니다. 성황리에 잘 되시기를 바라며 건강하세요 ~~
구운동 지역사회보장협의체 위원장 김귀순

가슴 뛰는 삶
시민 덕분입니다

초판 발행일 2021년 12월 10일

저 자	황대호
발행인	박인애
편 집	박인애 · 조인영
디자인	여YEO디자인
기 획	고형권

발행처	구름바다
등록일	2017년 10월 31일
등록번호	제406-2017-000145호
주 소	파주시 노을빛로 109-1 301호
전 화	031-8070-5450, 010-4301-0736
팩스	031-5171-3229
전자우편	freeinae@icloud.com
인쇄	(주)공간코퍼레이션

ⓒ 황대호
ISBN 979-11-92037-03-5(03300)
값 15,000원

이 책의 판권은 저자와 구름바다에 있습니다.
양측의 서면동의 없는 무단 전재 및 복제를 금합니다.